Works of Contemporary Designers in Japan

デザイナーの仕事

Real Design編集部◎編

Design Guide Book

デザインガイドブック

Designer's Work File

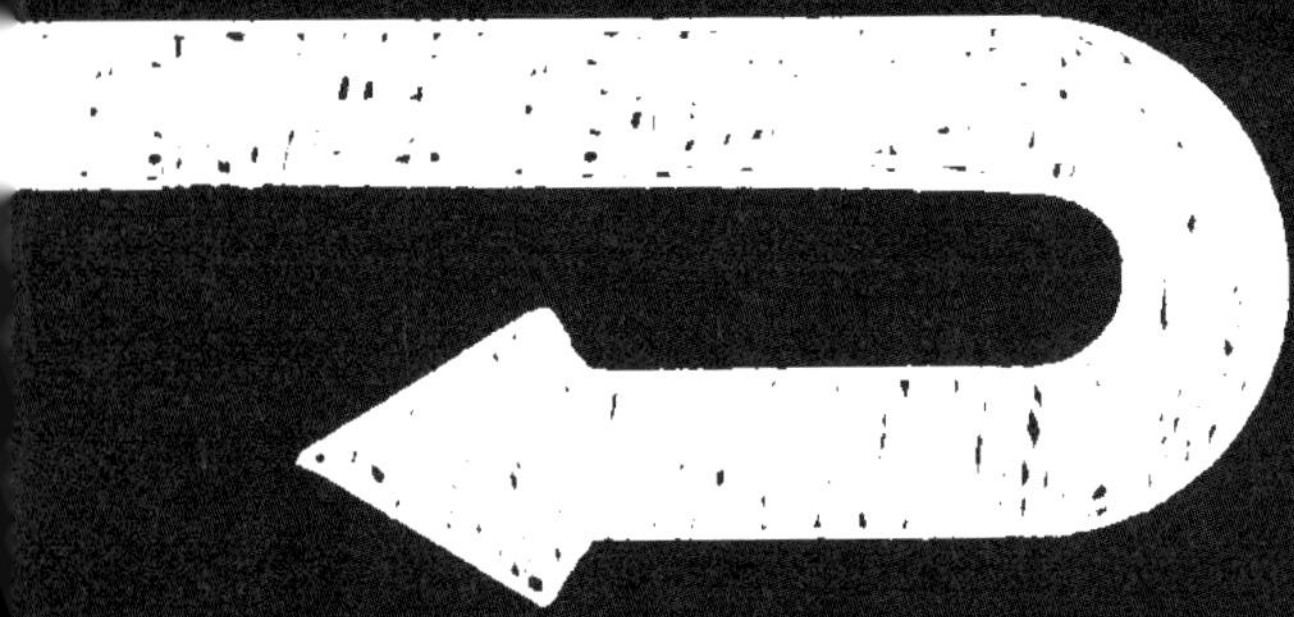

日本のデザインシーンを牽引する
デザイナーの仕事

わたしたちの身の回りにはモノがあふれています。
でもそれらが一体誰によってデザインされたのか、どこの会社のものなのか、
意外と知られていないものです。
しかし、次からのページをめくればそれらは一目瞭然。
毎日使っているあのデザインはこの人が手掛けたものだったのです。

Product Designer Interview

Interior Designer Interview

Art Director Interview

Interior Shop Interview

Column

esigner

1.Hisae Igarashi / 2.Ichiro Iwasaki /
3.Intentionallies Shuwa Tei/
4.Toshiyuki Kita / 5.Gwenael Nicolas / 6.Makoto Koizumi /
7.Fumie Shibata / 8.Kanae Tsukamoto /
9.Kazuhiko Tomita / 10.Katsushi Nagumo /
11.nendo Oki Sato /
12.Tatsuya Matsui / 13.Kazuteru Murasawa /
14.Koumin Yamada / 15.Tokujin Yoshioka

Product D
Interview

体温計から液晶テレビ、そして飛行機まで。
いま日本のプロダクトデザインは世界レベル

雑貨や家具や家電など生活に最も密着しているのが
プロダクトデザイン。日本だけではなく、
世界的に有名になったデザインもたくさん登場。

1〜15

Designer's File

1/15

Igarashi

五十嵐久枝

TANGO チェスト120

静岡家具工業組合とのプロジェクト。取っ手を使わずに引き出しの手がかりをつくった。コスト削減が理由のひとつだが、波のようなラインの引き出しが美しい仕上がり

ブランドの個性を見つけるのが、デザインの楽しさです

文＝森 聖加　text:Seika Mori　写真＝落合明人　photo:Akito Ochiai

Product Designer
Interview

1 Hisae

Profile
いがらし・ひさえ

桑沢デザイン研究所インテリア・住宅研究科卒業後、1986年から5年半、クラマタデザイン事務所に勤務。1993年、イガラシデザインスタジオ設立。主な仕事はインテリアと家具、モノのデザイン。人とモノと間の関わりについて、進行形のモノづくりを目指している

２００６年の春にデビューしたカジュアル下着のブランド「ＬｕｎｃＨ」のインテリアデザインを手掛けている。店内の壁には箱が飛び出すように付き、どこかおもちゃ箱のような雰囲気。ほんわかと心が温かくなるデザインは五十嵐久枝さんの真骨頂だ。

しかし、単にかわいいだけではない。箱は壁面に固定されてはおらず、位置の変更が自在。即座にディスプレイを変えられるのだ。「店舗のリニューアルサイクルは長くなりましたが、ディスプレイは２週間ほどで変えることも多いので、常に商品に動きが出せるんです」。店内真ん中のワークテーブルは型紙を切り抜いたような不思議な形。「レジやお客様の動線を除いて残った部分がワークテーブルの形に。お客様とのコミュニケーションを重視するブランドコンセプトだったので、自然と人が集まるユニークな形にしようと思いました。店舗形状によってテーブルの形は変わるんです」

Hisae Igarashi
五十嵐久枝

ラウンドテーブル

新聞や雑誌などで散らかりがちなテーブルの上をさっと片付けられる収納棚のついたテーブル。ラウンド型がカジュアルでキュート。「おいしいキッチン」プロジェクトの企画

クライアントの個性を引き出しながら、遊びと機能性を両立するバランス感覚は見事。プロダクトデザインにおいても考え方は変わらない。「ブランドの個性を見つけるのがデザインの楽しさだと思っています。だから自由につくってくださいと言われると困ってしまいます。好きなものは自分でこっそりつくればいいですし」。「おいしいキッチン」プロジェクトで手掛けたテーブルは、福井県の木工会社「福地」とのコラボレーション。桐を使った家具づくりに優れた会社なので、心材に桐を使い、軽くて強い家具をつくった。テーブル天板は壁につけても使用できるように一辺を直線に、その他は緩やかな曲線に。「丸いテーブルひとつで部屋の雰囲気が変わります。かしこまらない形だから寄りつきやすいし、座る位置も固定されず、そのときの気分で家族でもくっついたり離れたり」。五十嵐さんのつくる形には、コミュニケーションを生み出す楽しい物語が込められている。

LunCH

LunCH東急東横店。女性に限らず男性でも気軽に立ち寄れるボーダレスな空間を目指した
photo:Nacasa&partners inc.

be organic

2007年3月に名古屋のミッドランドスクエア内にオープンしたオーガニックをテーマにしたデリ＆カフェ。アメリカのシェフ、ジェニファーW・シャーマンが監修する

mid.

表参道にあった「ROYAL」が移転して2007年1月に代々木に新たにオープンしたカフェ。女性一人でも気軽に入れる居心地の良い空間を心がけた

heart to heart

ハートモチーフを用いたブナ成形合板のスツール。ハート形を4つそろえるとクローバーのようにもなる。「形で人に幸福感を与えられるのはハートならではですね」と五十嵐さん

Iwasaki

岩崎一郎

ステンレスケトル

すでにいくつかの典型を持つケトルのデザインにあって、モダンで落ち着いた存在感をたたえたひとつの新しい典型を示している

日常の部分部分を時間をかけてデザインしたい

文＝嶋田安芸子　text:Akiko Shimada　写真＝工藤裕之　photo:Hiroyuki Kudoh

Product Designer
Interview

2 Ichiro

Profile

いわさき・いちろう

1965年東京生まれ。ソニー株式会社デザインセンター勤務の後、渡伊。帰国後1995年イワサキデザインスタジオ設立。テーブルウェアなどの日用品から家電製品、情報機器まで、プロダクト全般のデザインを手掛けている

プロダクトデザイナーとして各方面から引っ張りだこの岩崎一郎氏。デザインされるモノの形は、いったいどんなふうに生まれてくるのだろうか?「依頼があった段階で勝手に頭が働き出すことがあります。イメージが湧くと楽しくなってワクワクしたりする。でも、まだぼんやりとしていて形になっていないから、早く形にしたくなるんです。それで、形を作っていくそこからの段階にはいつもじっくり時間をかけるようにしています」。以前は「人のために」といったことがモノ作りの大きなエネルギー源になっていたが、抑制している部分も多かったという。「モノ作りにおいては、自分の意志や気持ちが強く働かないときちんと向き合いきれないし、良い結果も出にくい。だから、最近は、自分の思いを乗せやすいものや、クライアントと考え方が近いものを優先的に受けるようになってきています」

　これまでも日用品から家具、家電と幅

Ichiro iwasaki
岩崎一郎

HARP

「Contrast」シリーズのティーポット。日本茶にも紅茶にも合う形は、和と洋が共存する現代の日本人の生活に、自然に溶け込むことを意識してつくられている。ドイツred dot賞受賞

広くプロダクトデザインを手掛けてきた岩崎氏が、いま興味をもっているのは「生活の中でもごく日常的に関わるモノや道具。これまできちんとデザインされていなかったものや、デザインしようだなんて思ってもみなかったようなもの」。例えば、フィッシングリール。現在のリールはファッション的な造形が支配的だが、岩崎氏はひとつひとつの部品の形を丁寧に導き出すことで、機能する道具としてのリールの姿を再構築した。

理想のデザインは、日常の中で親しまれ、使い込まれていくもの。ただ、具体的に「次はこんなものをデザインしたい」ということはないという。「いまやっていること、自分がやるべきことに興味があります。目の前の仕事と対峙していてそれが楽しい。だからこそ、こういうのをやりたいというのが無いのかもしれませんね。単純にモノ作りに集中したいというのが僕の基本的なスタンスなんです」

OPUS-1

ひとつひとつの部品が機構・機能・ユーザーへの配慮から導き出された、バスフィッシング用のリール。機能する道具としての純粋な美しさを放つ。ドイツiF賞受賞

METEO

天板とベースの部分が同じ変型五角形で、支柱を軸にずれている、アシンメトリーなデザインが特徴的なテーブル

Tei

鄭 秀 和

amadana
電話機（ベーシックタイプ）

アクリルと天然素材の組み合わせが新しい質感をつくり出すamadanaの電話機。受話器部分には使うほどに手に馴染んでくる本革を使用。置き場所を選ばないスマートボディも魅力のひとつ

常に意識していることは「調和」。だから建築から家具までデザインします

文＝室田美々　text:Mimi Murota　写真＝落合明人　photo:Akito Ochiai

Product Designer
Interview

3 Shuwa

Profile
てい・しゅうわ

1968年横浜生まれ。武蔵野美術大学大学院造形研究科建築コース修了。1996年、建築、インテリア、工業製品、家具などのデザイン全般を手掛けるインテンショナリーズを共同で設立。2002年、リアル・フリートの設立に参加。総合家電ブランドamadanaのクリエイティブディレクターを務める

2002年に東芝から発売された「atehaca」、その翌年に発表された「amadana」。斬新なデザインとコンセプトが家電業界に大きな衝撃を与えたことは記憶に新しい。このデザインを手掛けているのが、プロダクトや建築、インテリアなど多岐の分野にわたって活躍を続けるインテンショナリーズの代表、鄭秀和氏だ。鄭氏が生み出すデザインは、独特なクール感がある。その発想はどこから生まれるのか。「海外の旅先で見たものとか、僕は時代から取り残されてしまったアノニマスなものに魅かれることが多く、そこからインスパイアされることも少なくないですね。ディテールに関しては自分が好きかどうか。俺、コレ買うかなって(笑)。amadanaは特にそれが基準になっていますね」

常に意識していることは「調和」。例えば空間の中でプロダクトだけが目立つのはNG。だから建築、インテリア、家具まで、一貫したデザインは鄭氏にとっ

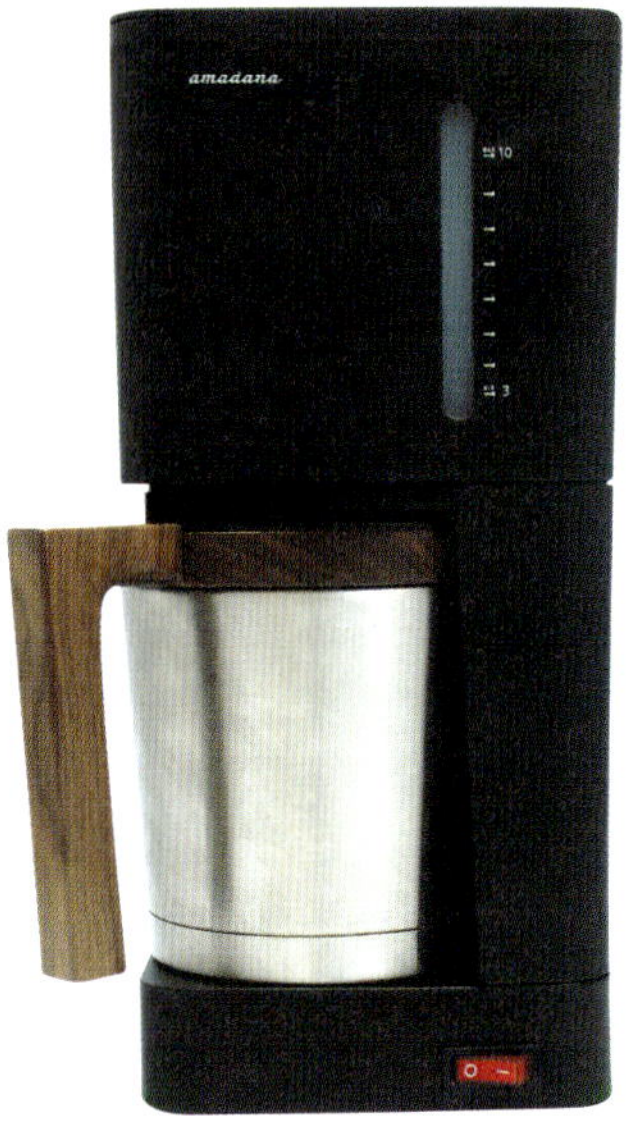

amadana　コーヒーメーカー

ボトルの取っ手に天然木を使用し、温かみをプラス。ドリップ仕立ての香りと温度をキープする大容量のステンレス製真空二重ボトルを採用し、機能面での満足度も満たしている

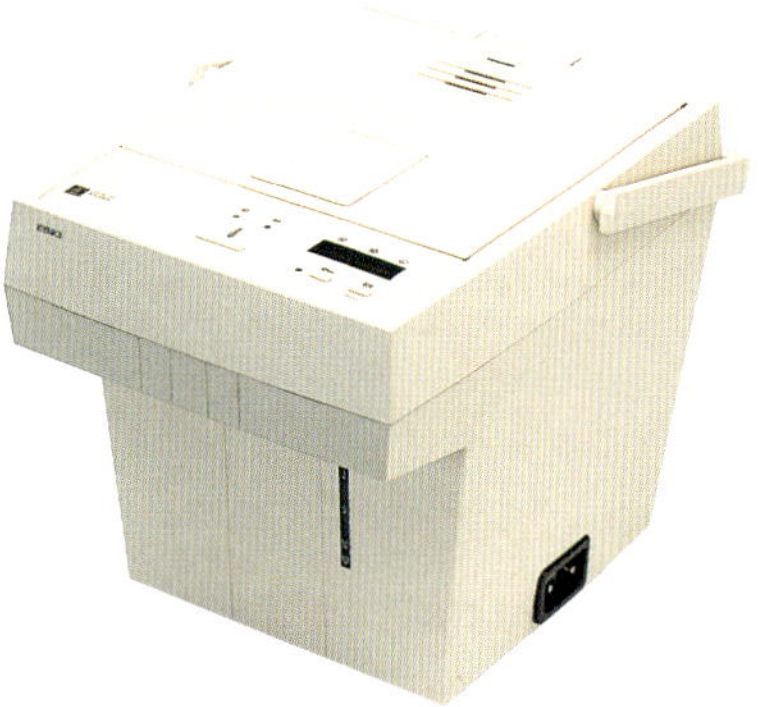

atehaca

2002年、東芝から発売されたatehacaの家電では、デザイン戦略から販売戦略までもプロデュース。この仕事が現在の家電ブランド「amadana」の設立へとつながっている

て普通のことだ。

「全体が調和していて、何だかいいんだよね、と思ってもらえるようなデザインを目指しています」

　昨年10周年を迎えたインテンショナリーズ。その間に家電の発売、家電メーカー設立と着実にステップを踏んできた。そして、次なるミッションのひとつに掲げているのが海外プロジェクトへの積極的なアプローチ。

「以前から自分のデザインを海外の人に手にしてもらいたい想いがあって。でも家電は電圧の問題で難しい。そういうのを飛び越えていけるものをと考えていたとき、海外に発信するステーショナリーブランド『クラフト・デザイン・テクノロジー』の話をいただき、いま、その仕事を楽しんでいます」

　この他、夢だったバリ島のリゾートヴィラの建築の仕事も進行中だ。言葉にしたことは必ず実行するという鄭氏。それが数々の作品を精力的に生みだす源だ。

hotel claska 客室

築35年の老朽化したホテルをリノベーションによって甦らせ、国内外で話題になったクラスカは、「どう暮らすか」を考えるきっかけとなるひとつの「暮らし」の提案となっている

hotel claska　外観

ロケーションとの調和を大切にデザインされた外観。客室は全9室、すべて異なるデザインに

Kita

喜多俊之

WAKAMARU ／
三菱重工

世界で初めて生まれた「人と暮らすため」のロボット。あえて特定の年齢や性別を感じさせないデザイン。話すときにアイコンタクトできる大きな瞳がポイント

日本発、世界のスタンダードへ。時代を超えたグッドデザイン

文＝天見真里子　text:Mariko Amami　写真＝中谷 丸　photo:Maru Nakatani

Product Designer
Interview

4 Toshiyuki

Profile
きた・としゆき

1942年大阪生まれ。世界を舞台に環境・空間まで幅広く手掛けるインダストリアルデザイナー。海外からも多くの作品を発表し、その多くは国内外で賞を受賞、各美術館の永久コレクションの選定を受ける。ライフワークとして伝統工芸や地場産業の活性化にも携わる

もしかしたら「喜多俊之」の名は、海外での方がメジャーなのかもしれない。

1969年に渡欧し、'80年にはウィンクチェアでカッシーナ社よりデビューしブレイク。以降、国内外のブランドから多くの作品を発表している喜多氏だが、意外にも「デザインに特別日本らしさを意識したことはありません」と言う。「海外で求められているのは日本スタイルではなく〝キタスタイル〟で、その中に、日本スタイルが含まれていると解釈しています。だから、日本風にというリクエストは一切ありません。彼らが期待しているのは世界のマーケットで通用するモノだから」。それは〝キタスタイル〟が世界のスタンダードである証だ。

「もう今年の前半はたいへんだったんですよ」と、部屋に入ってきた喜多氏は、簡単な挨拶の後、何枚もの写真と資料を机に広げた。

「これはミラノサローネですね、こっちは同期間にトリエンナーレで開催された

AQUOS ／ sharp

「どうしたら家庭用のテレビとして身近な存在になるのか」というテーマで、世界で通用する新しい日本ブランド製品として2001年に誕生。名前は“Aqua（水）”と“Quality（品質）”から。シリーズ全てのデザインを手掛ける（問：シャープお客様相談窓口📞0120-078-178）

『ジャパン グッドデザインアワード50周年』のイベント。それからこのロボットはシンガポールのイベントで私がデザインしました。あ、そうそうこれは新潟『百年物語』で新潟の工芸作品をフランクフルトメッセに出すためのデザインの監修をしたんですよ……」と、聞いているだけでも混乱しそうなのに、本人は疲れた様子もなく、楽しかった旅行の写真を見せるように話してくれた。しかし実際は、日本でのメーカーとの仕事や大学の授業と並行して、これらの国際的なイベントのプロデュースを連続にやり終えたというのだから、すさまじい仕事量だ。近年はこういったイベントやプロダクトのトータルプロデュース的な仕事も多い。

例えばひとつのプロダクトなら、デザインするだけではなく、そのイメージやブランド展開をどう表現するかというところを、経営者の考え方やテクノロジーまで全部をまとめて、最終的にモノに落とし込まなければならない。大ヒット中

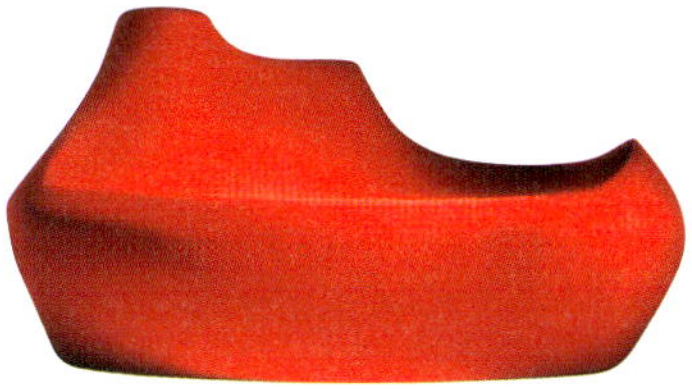

SARUYAMA ／ MOROSO

猿山のように凸凹した形状は「座る・寝転ぶ、という動作は生活環境が変わろうが不変ではないか」という考えから1967年にデザイン。1990年伊MOROSO社より製品化された

TOK ／ STOKKE

人間工学を基にした椅子で知られる北欧のSTOKKE社の新作。木の温かみとオーガニックなフォルムが特徴。どんな姿勢も支えるロッキングチェアはホームシアターにぴったり

のアクオスは喜多氏のプロデュースだ。

「総合的な仕事は面白いですね。同時にいろいろな仕事を抱えていても、仕事の現場ではそのメーカーの人間に成りきるようにしています。そうでないとヒット商品は生まれにくい。何といっても会社の運命が掛かっていますから！　意見の違いはひとつひとつ解決して、その中でそれぞれの役割を見いだしてあげる。私はそのまとめ役なのです」

一方で、彼のライフワークともいえるのが、和紙や漆など日本の伝統工芸との仕事である。

「独立したときから、民芸品や職人芸に魅力を感じていました。もともと日本文化の暮らしの中で使われている美しい道具に興味がありましたし。和紙を使った「ＴＡＫＯ」という照明をつくるため、１９６８年に美濃和紙の紙漉き職人に出会って話を聞きました。すると、千年も続いているのにやめてしまうというのです。日本の暮らし方の変化と共に衰退し

2000 2月

LC-28HD1

世界初のデジタルハイビジョン放送対応液晶テレビとして発売。世界で通用する新しいブランド製品として、日本オリジナルを目指した第1号。まだアクオスという名は付いていない

2001 1月

AQUOS C1

キャリングハンドル一体型で、持ち運び自在の「ホームモバイル視聴」を実現した、“21世紀のテレビ”第1弾。ミュンヘン州立近代美術館の永久コレクション他、数々の賞を受賞

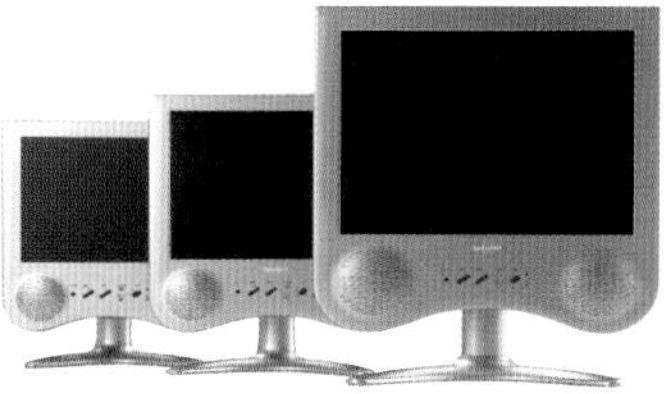

2002 7月

AQUOS E1

AQUOSの第5弾は、モニター調のスクエアデザインを採用し、オーディオとのシステム設置や店頭用のディスプレイにも最適なデザイン。さまざまな取り付け方が可能なアドレスフリーセッティング

てきているのを感じましてね…、ならば日本の伝統工芸の質の高さと技術を使って、いまの時代に使う生活道具をつくれたらと思い、以来漆や鉄、竹、などさまざまな職人と仕事をし続けています」

しかしこういった伝統的な素材と新しい素材を同時に使うことは、一見複雑で難しいように思えるが……。

「それはないです。例えば手で触る部分は温かみのある素材の方が良いとか、そういったデザインの基本がありますから。人が主役、人があってモノがある、だから私がつくるのはオブジェではなくモノなんです。昔つくったモノでも古くならない、結論的に私のデザインはそうなりました。1968年にデザインしたソファ「サルヤマ」がよい例でしょうか」

このデザイナーとしての成功の鍵を、喜多氏は「やりたいことがずれることなく、一筋で走ってきたからかな」と語る。喜多氏がやってきた「生活の道具をつくる」ことは、使い手のことはもちろん、

2006 — 3月

AQUOS 37BD1W

オリンピック効果で液晶テレビの販売台数も好調だった昨年。オーソドックスなシルバーと、落着きのあるブラックのツートンカラーを採用した曲線的なフォルムのモデルを発売

2004 — 8月

AQUOS 45GD1

AQUOSの機能美を、落ち着きのあるチタンメタリックカラーで表現し、よりグレード感をアップ。世界で初めて液晶パネルからテレビまでを一貫生産する、亀山工場からの供給に

2003 — 5月

AQUOS カスタム

フロントキャビネットを漆・革・木の3タイプ6種類の本物素材の中からオーダーメイドできる画期的なシリーズ。漆は輪島、木は飛騨高山の伝統工芸職人による本物志向の仕上がりだ

つくる側（職人や工場）のことも、デザインするのと同時に考えなければならない。これらのバランスをとることがデザイナーの仕事だという。

「デザインするということは夢をつくることだから、あまり苦労してつくったものはつまらないし、奇をてらったものは寂しい。つくり手が楽しんで値打ちのあるものをつくらないと。その時々でサイズやコストなどいろいろな制限があるし、与えられる課題は違うけど、要素が多いほどデザインするのは面白い。料理人がその日の限られた素材で美味しい料理を作るのと似ているんじゃないかな」

喜多氏曰く、デザイン先進国である日本は、今後よりグローバル製品の開発が求められ、デザイナーが忙しくなるだろうとのこと。しかし、「休みはちゃんと取っています。ホームライフこそ物づくりの土壌。常に良い暮らしをしたいという心と夢を持たないと、グッドアイデアは生まれませんから」

Nicolas
グエナエル・ニコラ

CURIOSITY ONE

事務所兼住宅。リビングで何をするかより、人の動きを考えて設計した。住宅コンセプトだけでなく、水栓、照明などにも独自の考えが盛り込まれている

僕がつくるのは3番目のチョイス。楽しさに満ちた新しい世界をつくりたい

文＝森 聖加　text:Seika Mori　写真＝工藤裕之　photo:Hiroyuki Kudoh

5

Product Designer
Interview

Gwenael

Profile
グエナエル・ニコラ

1966年フランス生まれ。1991年英国王立芸術学院プロダクトデザイン科卒業後、来日。1992年よりフリーランスとして活動を開始。1998年キュリオシティ設立。プロダクト、グラフィック、インテリア、建築などの分野をクロスオーバした活動を続けている

グエナエル・ニコラ氏は、日本の生活で特に不思議に思っていることがある。「仕事と遊び、ふたつはどうして一緒にならないのだろう？　僕は仕事のプロセスも楽しいし、遊びも楽しい。遊びの楽しさを仕事に入れてもいいでしょう。一緒にすれば、きっと考え方が変わるはず」。ニコラ氏のデザインにとって最も大切なものはプレジャー、楽しさだ。「デザイナーには物が使われる場面が生活か仕事かなんて関係ない。モノはシークエンスで使われるから。むしろ、どのように使われるかのほうが大切です。『電話しなくちゃ』じゃなく、『プルル』という楽しい感じ。だからプロダクトは面白い。いろんなストーリーを考えられるから」。ニコラ氏が手掛けたふんわりとやわらかなピンク色のボトルは、水のしずくのような不思議な形をしている。「これはスキンケアの商品なので、透明感のある肌色や、みずみずしい肌の状態を表現しました」。見たこともないモノとの

GAMEBOY ADVANCE ／ 任天堂

それまでの縦型ゲームボーイから横型へ。四角い液晶画面だったものに丸みを加えたほか、フォルムは全体的に優しさをプラス。より親しみのもてるデザインになった

出会いに誰もが初めは驚く。「これ何？　と思って、触れる。それで人々は理解するでしょう。化粧品、なるほどね、と」。デザインだけが完結し、人々のアクションが起こらない製品は意味がない。「モノにリアリティを感じてもらうためには製品のポイントを引っ張ることが大事です。このボトルは、ビジュアルで製品の目的がわかるし、組み合わせると花びらのように見えて収納も楽しい。使い勝手のよさはあまり重要じゃないですね」。発想はいつも小さな疑問から始まる。「化粧品や香水の瓶はなぜ円柱や角柱のなんだろうって。多くは新商品が登場しても基本の考え方が変わっていないと思う。例えば、カトラリー。外国人はフォーク、日本人はお箸を使って食事するけど、それは歴史、文化が育んだもの。でも、ふたつ以外の3番目を生み出せる可能性があるんです。僕はそれをデザインしたい。新しい世界をつくるのが私たちデザイナーの仕事だからね」

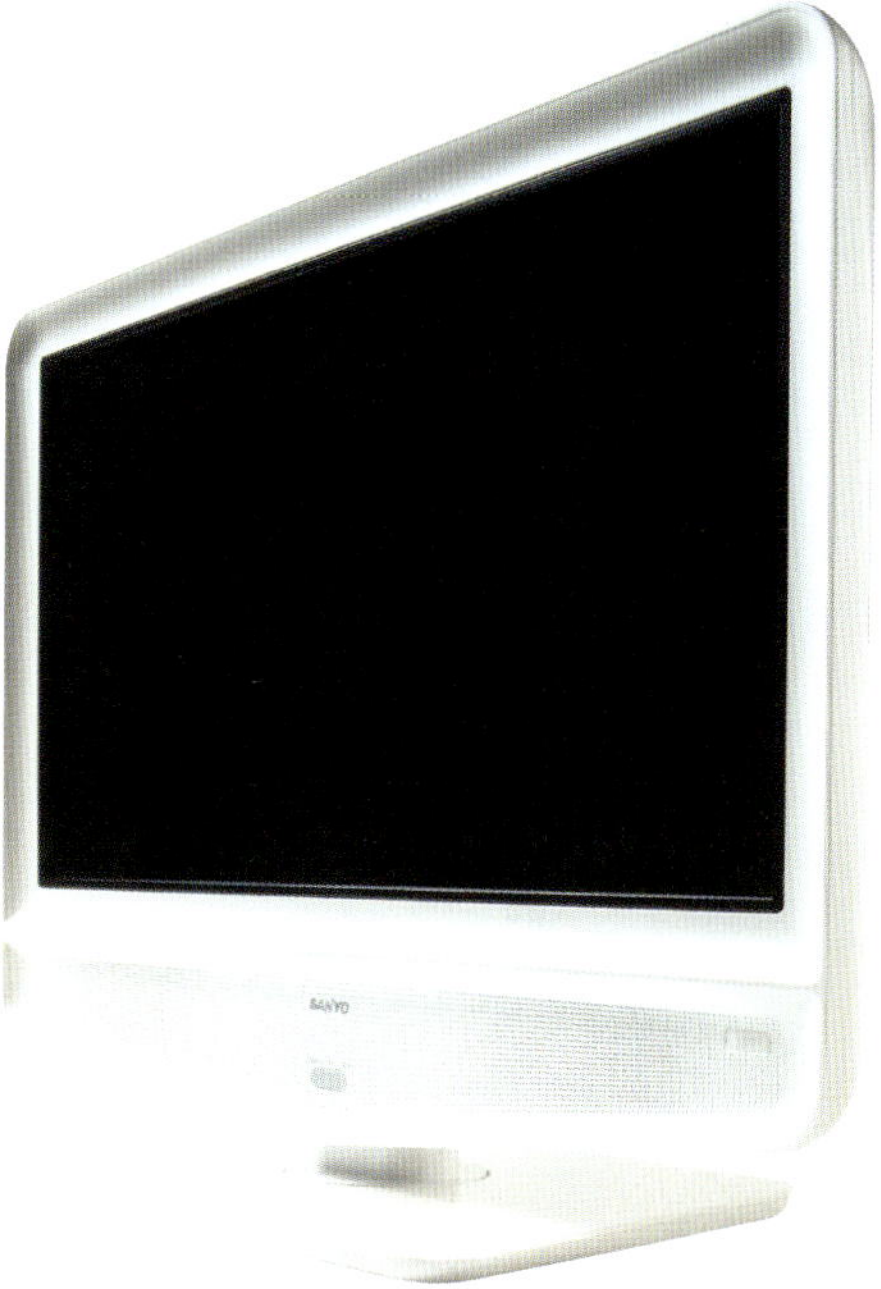

CAPUJO ／ サンヨー

「カプージョ＝繭」という名の通り、テレビの前にいる人を包み込むような優しい曲線とつるんとした質感が特徴。イメージソースは陶器。「テレビと暮らす」をテーマに愛着のもてるデザインを目指した

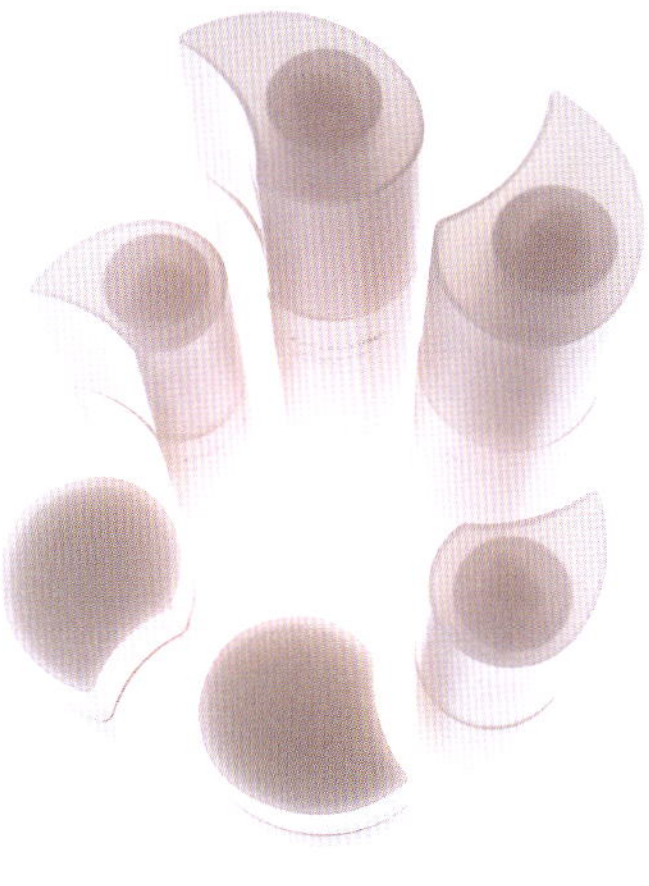

YUSUI ／ カネボウ

保湿効果をうたった基礎化粧品のボトル。みずみずしさ、透明感、ふっくらとした優しさを、淡いピンク色の桜の花びら型で表現。「形を見れば商品の特徴がわかるでしょう？」

LE FEU D'ISSEY ／ ISSEY MIYAKE

円柱や角柱が多い香水ボトルに第3の形を生み出した、真っ赤な球体型ボトル。スプレー部分がポップアップする仕組みだ。「何これ？　と思って手に取れば、なるほどと納得する。それがリアリティ」

Designer's File

6/15

Koizumi

小泉誠

nid hasioki card ／ こいずみ道具店

名刺サイズのカードを折り畳むと箸置きに。飲食店での食事の際、割り箸の袋を折って箸置きにする行動がヒント。真ん中に空いた穴の部分に箸がストンとはまる。落ち着きある日本の伝統色５色が揃う

家具のデザインには
やるべきことがまだ残されている

文＝森 聖加　text:Seika Mori　写真＝落合明人　photo:Akito Ochiai

Product Designer
Interview

6 Makoto

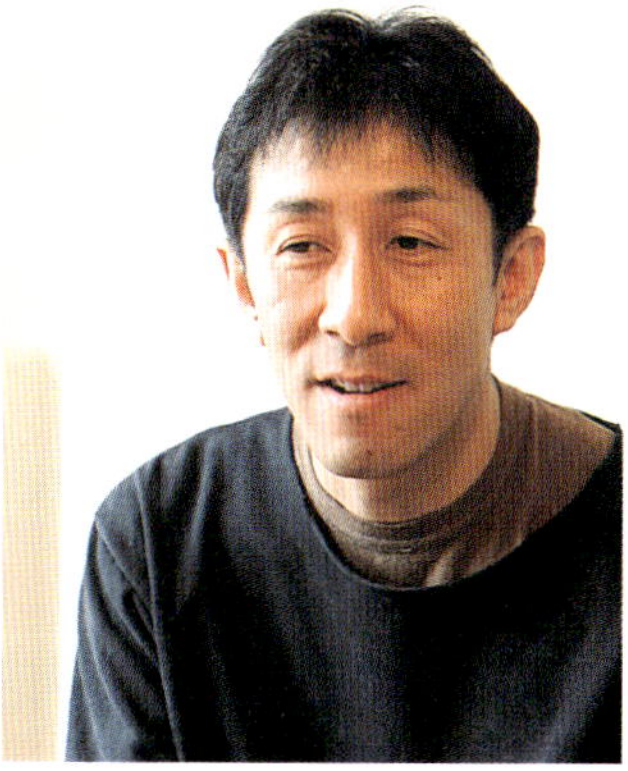

Profile
こいずみ・まこと

デザイナーの原兆英・原成光両氏に師事した後、1990年コイズミスタジオ設立。2003年東京・国立市に「こいずみ道具店」開店。生活用品から家具・空間・建築まで生活に関わる全てのデザインを手掛ける

小泉誠氏は、ここ数年「リビングデザイナー」という肩書きで仕事をしてきた。「プロダクトから建築まで、生活に関わることをデザインするから『リビングデザイナー』です。はじめは抵抗があったけど、ストレートに僕の仕事を表現しているなと思って」。そして一昨年、「家具デザイナー」宣言をする。「ずっと自分は家具をつくる人だと思ってきました。10年ほど前に建築に興味をもち始め、実際に携わったのも気持ちのよい家具をつくりたいと思ったからなんです」。小泉氏はもともと家具をつくることを希望していたが、学校卒業後すぐには家具デザイン・職人の職に恵まれず、空間デザインの世界に飛び込んだ。インテリアを手掛けるなかで、家具は単体では成立しないことに気付く。「あるときスツールのデザインを依頼されました。空間と切り離して考えるようにいわれ、デザインできませんでした」。使う場所を思い描いて考えれば自然と形がでてくるが、何で

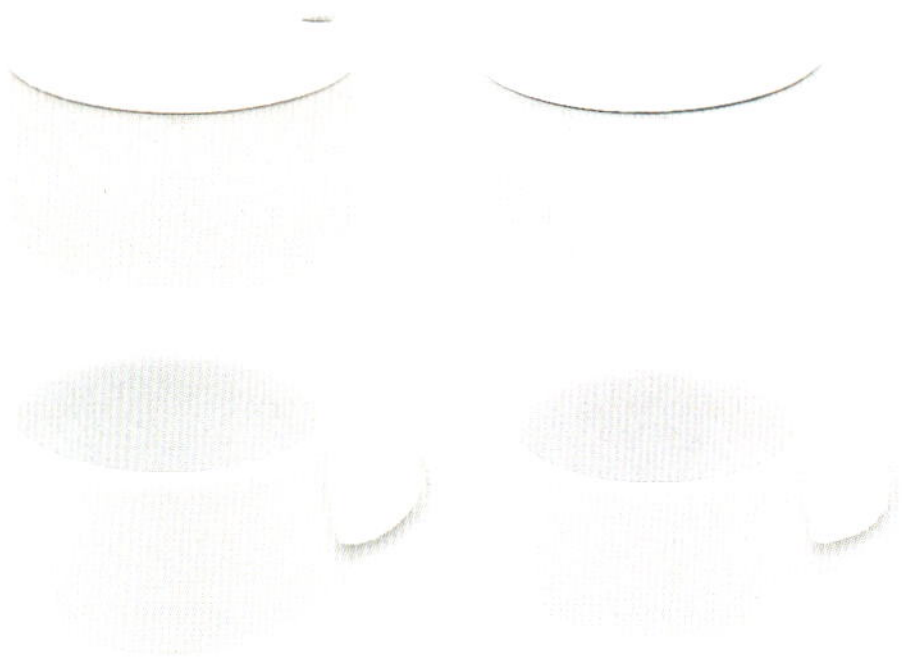

ENTOO ／ 東屋

多くのカップを美しく重ねて収納することを考えて、高さは低めに設計。天草の土を使用してツヤを抑えたマットな質感は、見た目にも触れる感触もやさしい

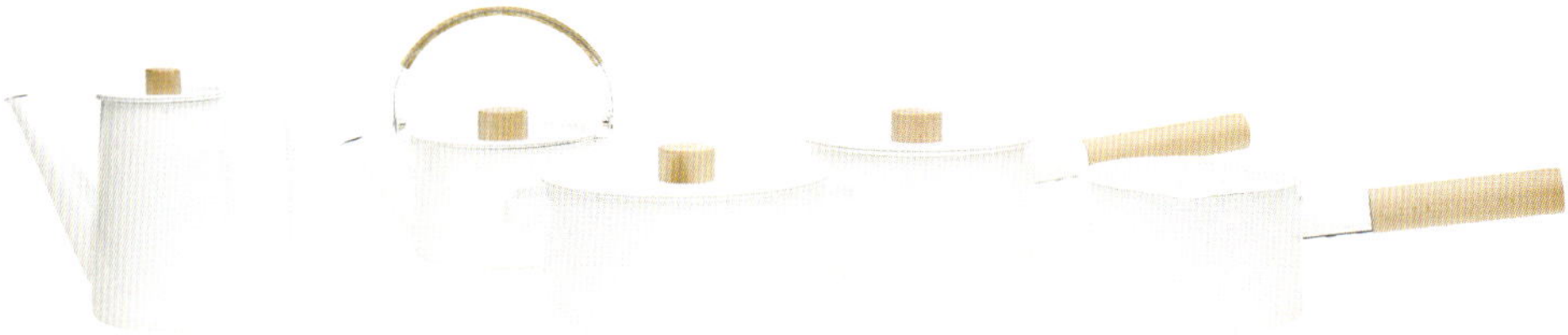

白いホーロー ／ 協和工業

鍋、ミルクパン、コーヒーポットなど5つの形が揃う、ホーロー製のシリーズ。ハンドルやつまみなど、人の手が触れる部分は木材に。熱効率が良くなるように、底を若干大きくしている（問：06-6961-1801）

もいいとなると……そんなことを感じて悶々とした日々も。依頼者にしてみれば、椅子は誰にでも身近な存在だし、すぐにデザインができそうに思えたのだろう。実際、手始めにとりかかるデザイナー志望者も多い。「けれど、20代では格好いい形の椅子はできても、座り心地がいいものはよほど意識しないとできないと思うんです。というのも、20代は体が元気。僕は特に丈夫だったから、どんな椅子に座っても痛くないし、これくらい平気だって思っていました」

「経験をしよう」と小泉氏は言う。20代では、まだ暮らしの経験が足りない。「住宅は人が生活する道具だと思っていますから、自分が経験してからでないとつくれなかった。それは家具の場合も同じです」。最近では、国内の林業の現場をまわっている。それも経験。「現場を知ることで山や海との大きな関わりを実感しました。家具デザインにはやるべきことがたくさん残されているんです」

95 + 5 ／ 東屋

製品名の由来は天板のひとつの幅を95㎜にし、間に5㎜の目地をとったから。素材は無塗装のチーク材で、経年変化にも耐える。緩やかなカーブを描くスツールの座面はお尻にやさしくフィット

Shibata

柴田文江

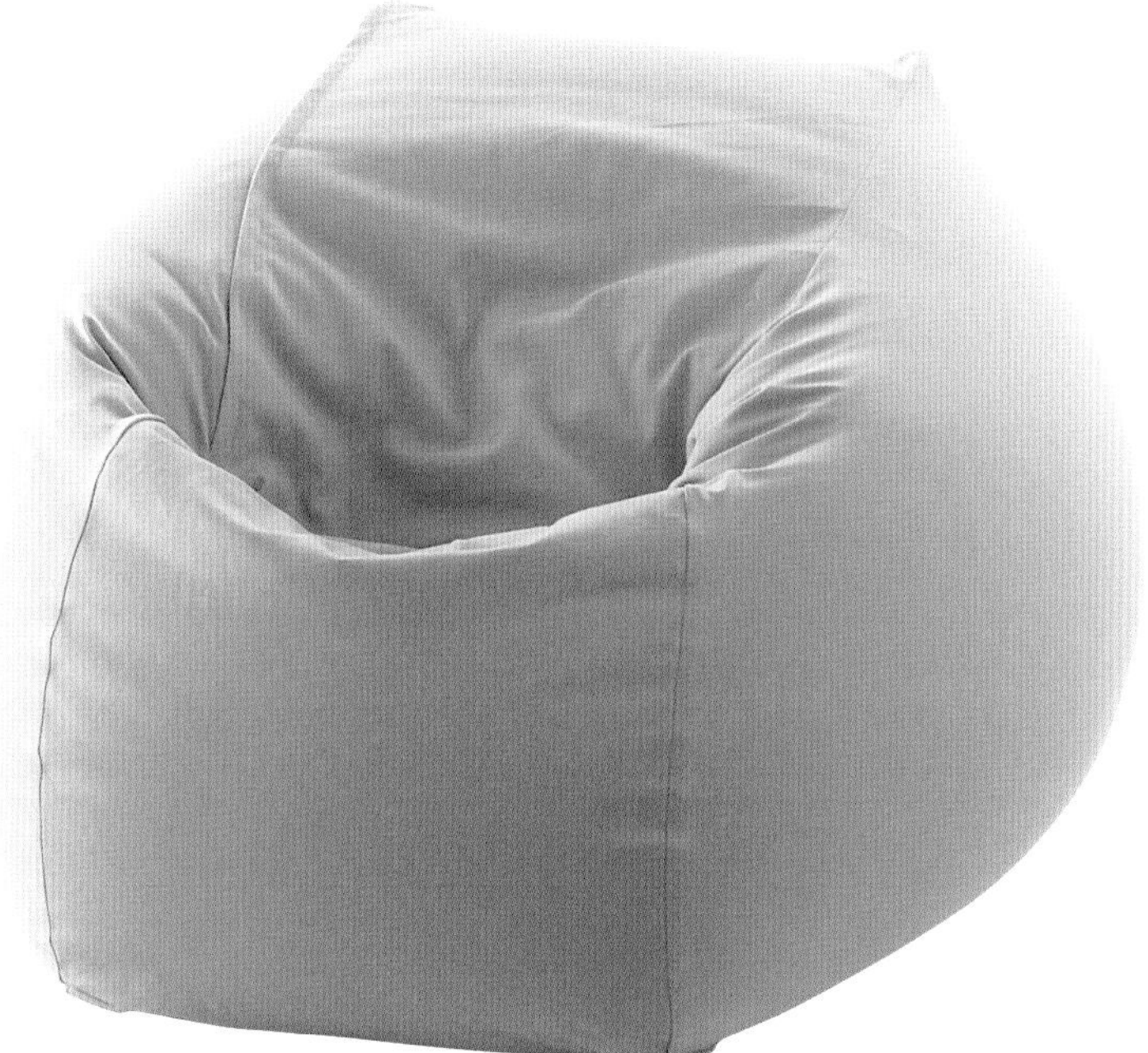

体にフィットするソファ ／
無印良品

どかっと体をあずけられる一人掛けソファ。中身には微粒子ビーズを用いて、文字通り、ソファが体にフィット。場所をとらないようにサイズも調整。ユーザーの声を反映する「ものづくり」で誕生

幸福感や人懐っこさがあって そばに寄り添う製品が理想です

文＝森 聖加　text:Seika Mori　写真＝工藤裕之　photo:Hiroyuki Kudoh

Product Designer
Interview

Fumie

Profile

しばた・ふみえ

1990年 武蔵野美術大学工芸工業デザイン学科卒業。東芝を経て'94年DesignStudio S設立。日用雑貨からエレクトロニクス商品まで、インダストリアルデザインの領域で幅広くデザイン活動をしている。グッドデザイン賞ほかIF賞金賞受賞など受賞歴多数

「独立当時はすでにミニマルデザインが台頭していて私もそんなデザインをしていました。時流を押さえなければと自分をコントロールしていたんですね」。東芝を退職し、26歳で独立をした柴田文江さん。「デザイナー」という肩書きをしっくり思えるようになったのは独立から6年後、32歳のときという。分岐点はコンビ「ベビーレーベル」シリーズだ。

「ベビー用品に求められるのはミニマルなスタイルより、ムッチリとした愛らしさ。それまで我慢していた丸々とした造形を解き放ちました」

フリーになって数年間は企業のデザイン先行開発や女性の感性が必要、という理由で仕事を依頼されることが多かった。自分の名前が出せる製品をつくろうと心に決めた柴田さんは、自らのど真ん中を出し、ダメだったら諦めるつもりで、思いっきりプクプクにした製品を提案する。

「モチーフは、ずばり赤ちゃんです。赤ちゃんがいると場の雰囲気が変わるよう

ZUTTO ／ 象印

ずっと使ってほしい、と思いを込めた炊飯器、コーヒーメーカー、電動ポットのシリーズ。デザイン性と合理的な機能追求。優しいグレーと凹凸の少ない形が暮らしになじむ

に、製品があるだけで幸せ感が漂うプロダクトをつくりたかった」

　はちきれんばかりのエネルギッシュなフォルム。確かに見るだけで頬が緩む。

「幸福感が好き。気合いを要求するデザインは苦手です。ストイックに生きるよりは、ラクに、のんびり、心地よく生きたい。そんなとき、そばに寄り添ってくれるものが理想です」。買って、連れて帰って。自身が選ぶ製品にも自らのデザインにも、そんな人懐っこさを求めている。「愛着感は製品が長く使われるポイントのひとつかな、と思っていて」

　手掛けてきたものの多くは、生活に欠かせない日用品だ。

「日用品にこだわっているわけではありません。けれど、家電はデザインコンシャスなアイテムが豊富にありお金を払えばそれなりのものが手に入りますが、カミソリや体温計では難しい。コンビニで買える一般的な製品を美しくすることが、生活を豊かにすると考えています」

Sweets cute ／ au by KDDI

従来の機械的で男性的な携帯電話のイメージを払拭したお菓子のような携帯電話『Sweets』の第3弾。ラウンドフォルムと優しいカラーリングにより、女の子に似合うソフトなイメージに

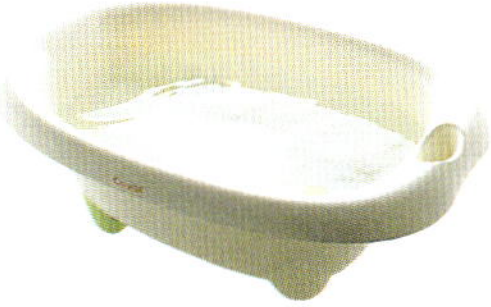

Baby label ／ combi

「子ども用品にありがちなキャラクターは一切付けず、商品自体がキャラクターになるように考えました」。赤ちゃんがモチーフのプクプクしたフォルムが愛らしい

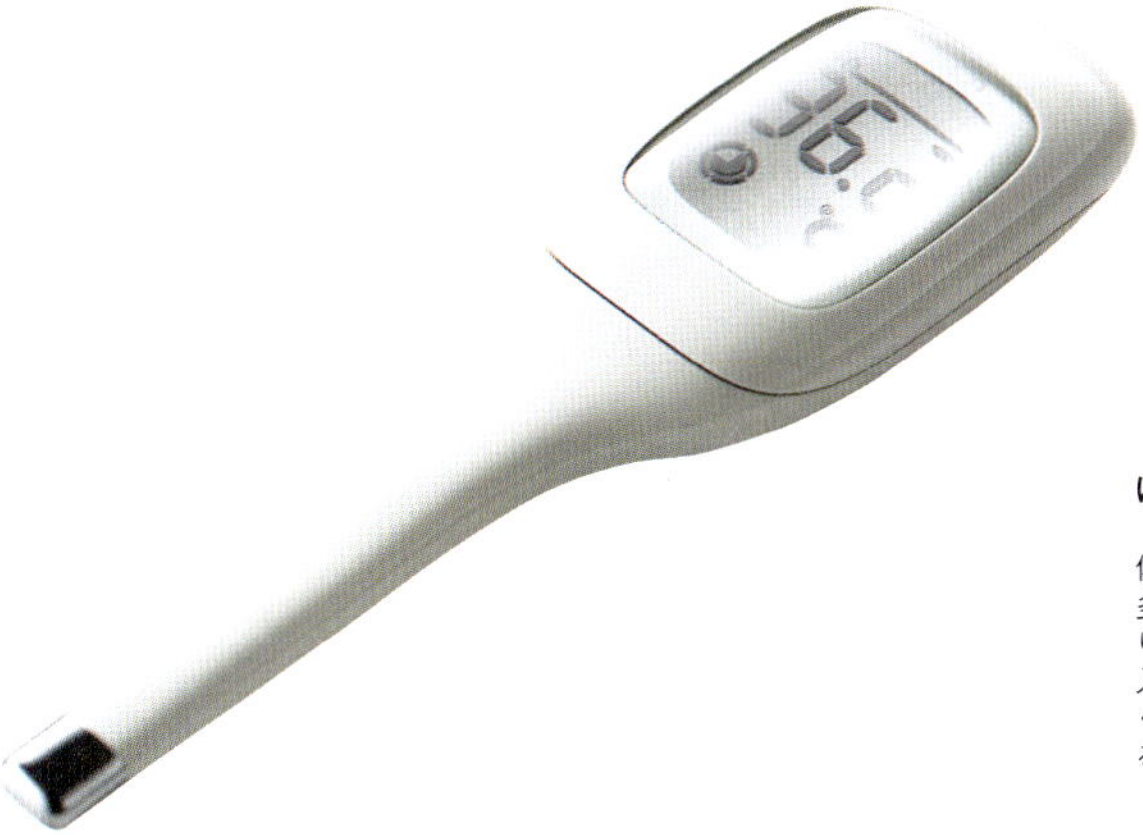

けんおんくん ／ オムロン

体温計は比較的子どもが使う割合が多い。「子どもの腕は細いので、ずり落ちたり、お母さんにぎゅーっと入れられたりすると痛いので、平たくてクルクル回らない、安定感のある形にしました」

Designer's File

8/15

Tsukamoto

塚本カナエ

Tag cup ／タグカップ

服を着るようにカラフルなシリコンをかぶせたマグカップ。年齢、性別、シーンを問わずに使えるソフトユニバーサルがコンセプト

テーブルの上からその周辺へ……。ものづくりの視点はいつもここから

文：河村美智香　text:Michika Kawamura　写真：野口祐一　photo:Yuichi Noguchi

Product Designer
Interview

8

Kanaé

Profile
塚本カナエ

三菱電機株式会社などを経て渡欧。イギリス王立芸術大学院（RCA）修士号取得。イギリス企業を経て1999年Kanaé Design Labo 設立。商品はもちろん、マーケティングやコンセプト開発、商品開発から販売戦略までをデザイン。2004 年～多摩美術大学非常勤講師。2006年度RCA客員講師

温もりのある柔らかなラインを特徴としながらも、凛としたたたずまいを見せるのが塚本さんの作品。そこには、「どんなものでも、テーブルの上からその空間やインテリアを考える」という視点が軸となり、生活に根ざしたデザインが考え出されるという。

「どんなときでも、発想のスタートは食卓のテーブル。食事する行為は人間の根源に関わることだから、食事を囲むテーブルのある空間は、私の聖域なんです」。

使い勝手の良さはもちろんのこと、奇をてらったものは売れにくく、さらには長く愛されにくい。素材感を大切にし、心地よく使えるもの。さらに少し色気を加えていくのが塚本さんのスタイルだ。

また、ソフトユニバーサルにもライフワークとして取り組んでいる。障害を持つ人でも日常生活を豊かにできるのがデザインの持つ力。こうして生まれたもののひとつに、タグカップがある。

「指が不自由な方にとって、マグカップ

BITOWA modern／Team BITOWA

「ビトワ」第2弾は2007年発表。Classicラインより現在の日常生活に近づけたラインナップ。アクセントとなるよう、一部にコーラルピンクやゴールドを用いたカラーリングを配した

の取っ手はかえって不便なもの。シリコンのカバーで磁器の滑りやすさや熱の問題を解消し、豊富なカラーバリエーションでマイカップとしての愛着をプラス。家庭でもオフィスでも、楽しい空間を演出できるデザインだと思うんです。病院や幼稚園でも使ってもらっています」

6月に発表した最新作は、20～40代の共働き家庭で重宝される鍋のシリーズ。「忙しい毎日ですから、調理したものを鍋のまま食卓に出せる調理器具です。大鉢料理のような感覚で使ってもらえたらと思っています」

入れ子式で収納場所を問わず、年代を越えて寄せられた軽さへの要望も叶えられた最新作は、子供を育て上げた団塊世代の老夫婦家庭にもぴったりだろう。塚本さんが生み出す作品には、多様化する生活スタイルに対応した、豊かな生活が見えてくる。

Ireco ／ウルシヤマ金属

3層クラッド構造で軽い調理器具。コンロからそのまま食卓へ、また、冷蔵庫へも入れることができる。フォルムは女性の身体のラインをイメージしてデザインした

化粧惑星／資生堂

資生堂のコンビニコスメのシリーズ。「コンビニできれいになろう」がコンセプトの、透明感のあるデザイン

Tomita

富田一彦

TOTTOTTO ／肥前吉田焼

バランスのとれたY字シルエットのティーポット。片方からお湯を入れ、もう片方を注ぎ口とした。この作品から地場産業事業に足がかりができ現在も佐賀の肥前吉田焼で製造されている

伝統的な日本のプロダクトを
新しい形で全世界に発信していきたい

写真：桑山章　photo：Akira Kuwayama

Product Designer
Interview

9 Kazuhiko

Profile
とみた・かずひこ

1942年大阪生まれ。世界を舞台に環境・空間まで幅広く手掛けるインダストリアルデザイナー。海外からも多くの作品を発表し、その多くは国内外で賞を受賞、各美術館の永久コレクションの選定を受ける。ライフワークとして伝統工芸や地場産業の活性化にも携わる

現在イタリア在住。日本を飛び出してグローバルに活躍している富田一彦さんは、幼いころ人間工学に興味を持ったことからデザインの道を選んだ。学生時代に出会った工業デザイナーの秋岡芳夫さんから技術や意識のあらゆる面で影響を受けたという。秋岡さんが持つノコギリや錐、さらには富岡鉄斎がデザインした貴重な器など、様々な道具を自由に見て使える環境にいた富田さんは、本物に囲まれた博物館級の生活を体験した。「秋岡さんに出会ったことは僕の人生の中でとても大きな出来事でした。それまで考えもしなかった、器に対する意識や古来から伝わる寸法などをたくさん教わったんです。僕が暮らしの道具や器に興味を持ったのも、そんな恵まれた学生時代を過ごせたからだと思います」。富田さんは現在イタリアの陶器メーカーであるCOVO社及び国際漆器ブランドNUSSHAでアートディレクターを務めており、日本の地場産業と提携してグローバルな市場

Kazuhiko Tomita
富田一彦

MICADO／
MOROSO

三つの四角（カド）を組み合わせながら、充満と空虚のコントラストを表現したバースツール。京都の織物を座面に使用

に日本の伝統技術を発信する試みに力を入れている。「伝統工芸の新たな市場として世界を視野に入れて考えはじめました。45億人の人たちに向けて日本の文化を伝えるにはどうしたらいいかを常に考えています。その辺の落としどころは、ヨーロッパに住んでいる僕の方が世界的な目線で物事を見て考えられる部分がたくさんあると思いますね」

日本の伝統工芸を海外に通用する新たなグローバルツールとして世界に送り出していきたいと富田さんは語る。世界に向かって日本のプロダクトを発信することは秋岡さんができなかったこと。それを自分が行い普及させることで日本の地場産業の新たな活路を見いだすことができる。日本文化のどの部分を抽出してどの部分を削除して、最終的にどの部分を変化させてプロダクトに置き換えるか。日本の伝統技術が富田さんのデザインで世界に認められることこそが富田さんの使命であり、夢なのかもしれない。

CIACAPO／COVO

南部鉄器製のティーポットは安定感のあるデザイン。フランクフルト市近代美術館の永久コレクション品でもある

MIWA／ラバッテ

木製スタッキングチェア。オーストリア王室御用達の家具産地、ウディネのラバッテ社製。細身でしなやかで軽い

TOWERING／NUSSHA

色の重なりが十二単（じゅうにひとえ）のような華やかなうつわシリーズ。MoMAやルイジアナ近代美術館で販売。木地は木粉樹脂で40%が木粉でできている

Nagumo

南雲勝志

マメマメソファ、スツール

独立後に手掛けた家具ブランド「project candy」で発表した、枝豆がモチーフのソファ＆スツール。具体的なものをデザインで具象化することはナンセンスと思っていたが、自分の中のデザインの価値観を破ろうと美しいと感じたものを素直にデザインに取り入れた意欲的な第1作

自分の中で存在の意味を
説明できるものだけを作りたい

文＝室田美々　text:Mimi Murota　写真＝工藤裕之　photo:Hiroyuki Kudoh

Product Designer
Interview

10 Katsushi

Profile

なぐも・かつし

新潟県六日町生まれ。東京造形大学室内建築科卒業後、永原浄デザイン研究所を経て1987年にナグモデザイン事務所を設立。家具や景観プロダクトを中心に活動中。日本デザイン振興会家具部門賞など受賞多数。「日本全国スギダラケ倶楽部」代表

家具や照明のプロダクトデザインから街路灯などの景観・環境デザインまで幅広く手掛ける南雲勝志氏。デザインする作品はシンプルでありながら個性的。だけどそれは強烈な個性ではなく、とてもさり気ない。マメマメソファ、アルミムシ、ポチ……その楽しい作品名にも通じる遊び心と使い手を包む込むような優しさをはらみ、景色や空間にすっと溶け込む不思議な空気感をもっている。

「作品をつくるとき、まず考えることは、このデザインを世の中に存在させていいのかということ。いま、世の中にはいらないものが溢れている。こんな時代だからこそ、自分の中で存在の意味を説明できるものだけをつくりたいと思う。50年後に見ても『いいものつくったね』って思えるようなものをつくりたいね」

作品には木や鉄、石が使われることが多い。素直にこの素材が「好き」なこともあるが、時間が経過しても美しいところに魅力を感じているという。そして、

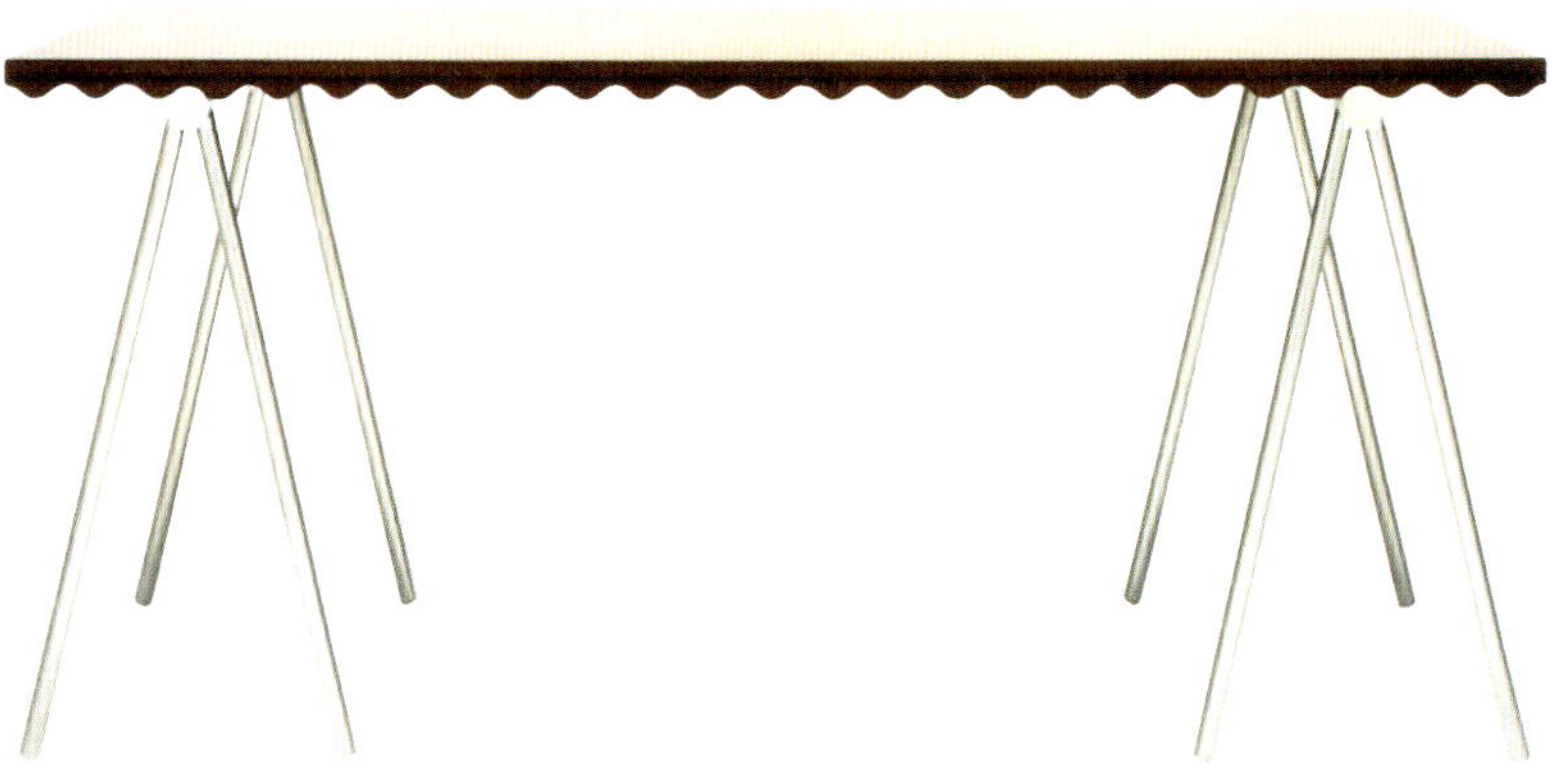

ナミナミ

「意味ある装飾とは何か」をテーマに考えたというパーソナルテーブル。天板下の波形は、テーブルに表情を与えると同時に天板の位置を固定するといった機能も併せもつ意味のある装飾となっている。1994年度グッドデザイン家具部門賞を受賞

いま、注目している素材が「杉」だ。

「杉へとシフトしたのは2002年に『イスコレ商店街』で発表した『杉太』の存在が大きいですね。杉は日本固有の木材。しかし、この30年で価値が失われてしまった。杉を楽しく使おうと『日本全国スギダラケ倶楽部』をつくり、杉の可能性を探る活動を行っています」

　そこには身近にもっとよいものがあるじゃないかと問う気持ちと、自分たちの原点は何かを見直してほしいという深い思想が込められている。

「今では杉の作品が100点以上もあるけど、僕は商品化とかに興味がないから、展示会など色々な場所で出没しています(笑)」。作品名は「これでもカー」に「スギコ」……。やはり杉作品も名前がユーモラス。名前のつけ方から温かい人柄が垣間見られるようだ。しかし、モノを生む責任感に関しては厳しいほどに頑固。そのモノづくりの姿勢には敬意を払わずにはいられない。

杉太

2002年秋、「イスコレ商店街」のためにデザインした杉のスツール。上代2万円で販売するという条件のもと、最小限手をかけて杉の良さが伝わる表情に仕上げた。正式に商品化されていないが、展示会やイベントでたびたび登場する南雲さんにとって思い入れの深い作品だ
Photo by 村角創一

天満橋

宮崎県天満橋の景観デザイン。歩道には宮崎の日差しの強い照り返しを考慮し、落ち着いた色調の天然石を使用。歩道照明は鋳鉄製で味わいのある情緒的なあかりを提供する

Sato

nendo
佐藤オオキ

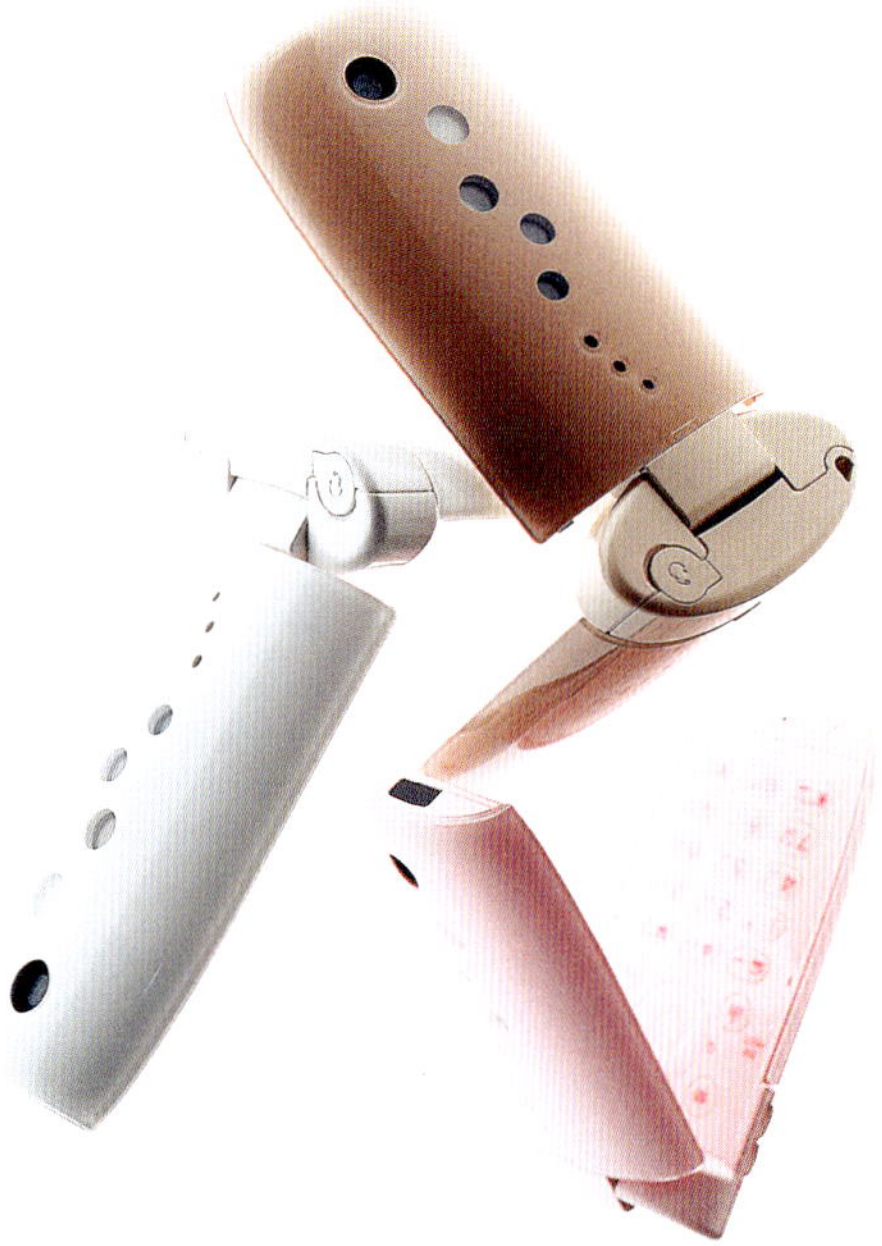

DoCoMo N702iS

流れる情報を液体ととらえるところからスタートした携帯電話。グラスをイメージした優しいフォルム。3色のボディカラーのほかに、ドリンクにちなんだ着せ替え可能なパネルを5色用意した
photo:Masayuki Hayashi

それぞれが自分の好きなことをやっている
不思議な集まりかもしれません

写真＝工藤裕之　photo:Hiroyuki Kudoh

11 Oki

Profile

さとう・おおき

1977年カナダ生まれ。早稲田大学建築学科、大学院修士課程終了後、デザインオフィスnendoを発足。建築、インテリア、プロダクト、グラフィックを幅広く手がける。プロダクトでは、スウェデッセ、デパドヴァ、カッペリーニといった海外の有名メーカーから家具を発表している

日常の小さな発見を大切にとらえ、そこから新しい形をつくりあげる。デザインオフィスnendo。代表の佐藤オオキ氏をはじめ、彼らが生み出すプロダクトはシンプルだけれど新鮮で、ありそうでなかった温かみのある作品が多い。プロダクトデザインはもちろん、インテリアデザインや建築設計も手掛け、若手デザイナー集団として活躍を続けるnendo。彼らが結成したそもそものきっかけは、2002年に卒業旅行でイタリアを訪れた際に見たミラノサローネで、会場の雰囲気や現地の人たちの活気に衝撃を受け、「自分たちもここに出展したい」という思いが膨らんだこと。

「ちょうど吉岡徳仁さんが大々的に発表を行って注目されていたときでした。〝日本人でもこんなすごいことができるんだ〟とショックに似た感動を覚え、自分たちもどうすればこの場所に立てるかを考えました」

結成した当時はもちろん無名だったが、

snow ／ スノウ

スウェーデンのインテリアメーカー「スウェデッセ」から発売されたガラスのローテーブル。雪の結晶の形をした脚ピースの個数を変えることでテーブル自体の大きさを自在に変えられる

そこから積極的にコンペに参加して数々の賞を勝ち取るなど、自分たちの作品を増やし年々知名度と実力を上げていった。とはいえ世間に名前が知られるようになっても当人たちはいたって自然体。

「僕らはそれぞれが自分の好きなことをやっているだけで、別にスペシャリスト集団というわけではないんです。各スタッフが自分の役割を楽しんでこなしている、不思議な集まりかもしれません。作品も奇をてらったような特別なものではなく、日々の生活の中から生まれる何気ないデザインが多いですね。日常で〝あれ？〟という気になることがあったら、その部分をそっとすくい上げて、わかりやすい形をつくり出す。だからデザインに関するアンテナを常に張り巡らせている……というわけではないので、あまり特別なことをしているという感覚もありません。単純ですが、普段の生活を豊かにしてくれる、スパイスの利いたものづくりをしていきたいですね」

引出しの家 ／ 個人住宅

住宅に必要な収納を西側に集約し、必要なときに引き出して使用することで空間を有効的に活用する。空間を仕切らないことで用途の幅も広がり、その場所を使う人たちにとって一番使いやすい形に対応できる、柔軟な空間をもつ家になった

1%products
ワンパーセントプロダクツ

1%を所有する喜びを感じてもらうために、100個限定で生産を行なうプロジェクト。キャンドルスタンドの輪郭を糸でかたどり、アクリルに封入した
photo:Hidetoshi Hironaka

key-calendar
キーカレンダー

そこにあるだけで生活が楽しくなる、そんなデザインを得意とするnendoがカレンダーをデザインするとこんな楽しい形に。鍵を差し込むことで日にちを表示する卓上型万年カレンダーは、ありそうでなかったデザイン。鍵を差し込むのが待ち遠しくなりそう

Matsui

松井龍哉

PINO

「ピノキオ」をモチーフに生まれたヒューマノイドロボット。松井さんにとってはじめてのフルボディ、2足歩行を実現したロボット。2000年グッドデザイン賞受賞
©ZMP.INC

目指すはデザイン事務所ではなく、ロボットメーカーという視座

写真＝柳沼浩胆　photo:Koui Yaginuma

Product Designer
Interview

12 Tatsuya

Profile
まつい・たつや

1969年東京生まれ。1991年日本大学芸術学部卒業。丹下健三都市建築設計研究所、IBM・ロータスフランス社などを経て科学技術振興事業団に勤務。2001年にフラワー・ロボティクス設立。PINOとSIGでグッドデザイン賞受賞。早稲田大学理工学部非常勤講師

「デザインをするという意識が僕の場合、人とちょっと違うことに最近やっと気付いたんです」。と笑うのはロボットのデザインで知られる松井龍哉氏。確かに松井氏に意匠的なデザインの話を聞いても「この色が」とか、「このかたちが」という具体的な話はあまり出てこない。松井氏が考える根本的なデザインとは、目にみえないものに道筋をつけること、たとえばシステムなどを構築していくことだという。

松井氏は高校と大学でデザインを徹底的に学んだのちに高校時代の憧れの存在、故丹下健三氏の事務所に勤める。そこでまず松井氏は丹下健三氏の作品集づくりに携わり、丹下氏から直々に建築観を学ぶ。事務所に勤務した5年間、松井氏はロジカルな考え方や都市計画概念や建築家の姿勢を丹下氏からじっくりと学んだと回想する。その後、松井氏はフランスに留学。そこで情報とデザインを学び、IBMロータスに勤務。興味深いのはフ

Star Flyer

2006年3月、羽田—北九州間に就航したスターフライヤー。このエアラインのCIを松井氏が担当した。機体やインテリア、空港ラウンジからパンフレットや名刺までビジュアルに関わるすべてのものをトータルにデザインしたことで知られる

POSY

結婚式で花嫁に花束を渡すフラワーガールをモチーフにデザインされた作品。日本SGI との共同開発で生まれた経緯があり、同社のCI キャラクターとして活躍する
photo / copyright : Masao Okamoto
©Flower Robotics,.Inc. / SGI Japan,Ltd

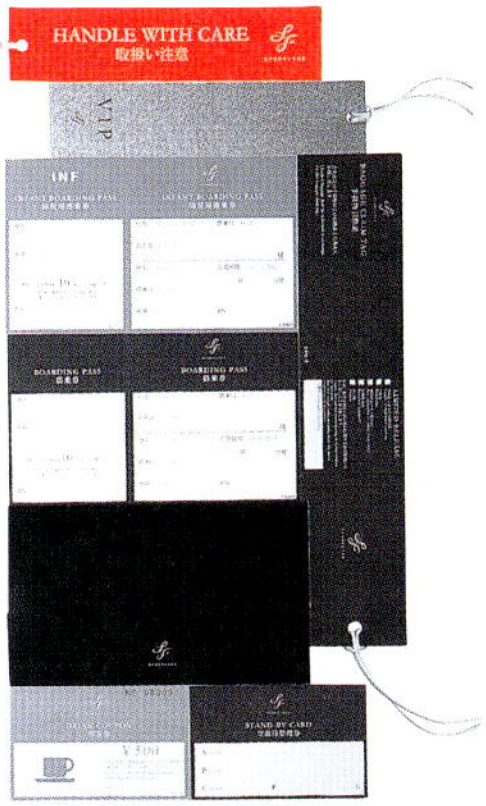

Star Flyer チケット類

ボーディングパスから喫茶券、荷物用のタグなど、目に触れるものをすべてデザイン。こうした細やかなことがスターフライヤーの世界観をつくり出すことになった

ランスではデザイン＝計画・設計という概念が強かったこと。まさに冒頭の話にもあるような、松井氏のデザインの考え方そのものだった。

そんな松井氏がロボットデザイナーになるのは必然だったのかもしれない。三次元の空間とシステムがリンクするロボットデザインは寸法の出し方や黄金比など建築的思考が多分に要求され、人工知能などの情報システムの構築にはエンジニア的発想が必要になる。その両方を兼ね備えているのが松井氏だったのだ。

２００６年３月に就航した、羽田—北九州間を結ぶスターフライヤーでは黒で統一されたＣＩで話題になったが、これも全くゼロから発進したベンチャー企業を成功させるためにシステムをデザインしたものだという。そんな松井氏が目指すことはちょっとスケールが大きい。

「コンピューターが産業として確立したいま、多くの人がこの産業で生計をたてている。それと同じくメーカーになってロボット産業をつくりたい。大袈裟かもしれないけれど、それで人類に貢献をしたいです」

Murasawa

村澤一晃

pepe

宮崎椅子製作所とのコラボレートで生まれたフィンガージョイント技術。現段階の集大成ともいえる5作目は、より流線形が美しく洗練された仕上がり。2005年グッドデザイン賞受賞作品

ワークショップ主義。
デザインは工場で共につくるものです

文＝浜堀晴子　text:Haruko Hamahori　写真＝樋口勇一郎　photo:Yuichiro Higuchi

Product Designer
Interview

13 Kazuteru

Profile
むらさわ・かずてる

1965年東京生まれ。ICSカレッジオブアーツ卒業後、垂見健三デザイン事務所に就職。1989年にイタリアに渡り、翌年ミラノにあるセルジオ・カラトローニデザイン建築事務所に勤務。1994年にMURASAWA DESIGNを設立。木製家具の開発を軸に活動

いまやグッドデザイン賞の常連ともいえる村澤一晃氏。2001年「A long seat」「PENDE」のダブル受賞を皮切りに3年連続受賞。2005年にも「pepe」が選ばれ、作品を発表する度に、何からの賞を得ている。ここ5年ほどの活動は目覚ましく、家具デザインの可能性を広げる作品で注目を集めている。

「賞をとることが目的ではないんです。自分のデザインや工場の技術力が世の中に認められるかどうかの問いかけで、内輪で評価するための軸。励みであり楽しみなんですよ」

村澤氏はモノづくりの話になると、「僕」ではなく「僕たち」と二人称になる。デザイナーが図面を起こしてメーカーへ発注するというトップダウンではなく、工場へ足しげく通い、共に試行錯誤しながらモノづくりをするというスタンスだ。

「図面の情報って、実はあまり多くないんです。素材の触り心地や色など、図面では表現しきれない部分が大事で、机の

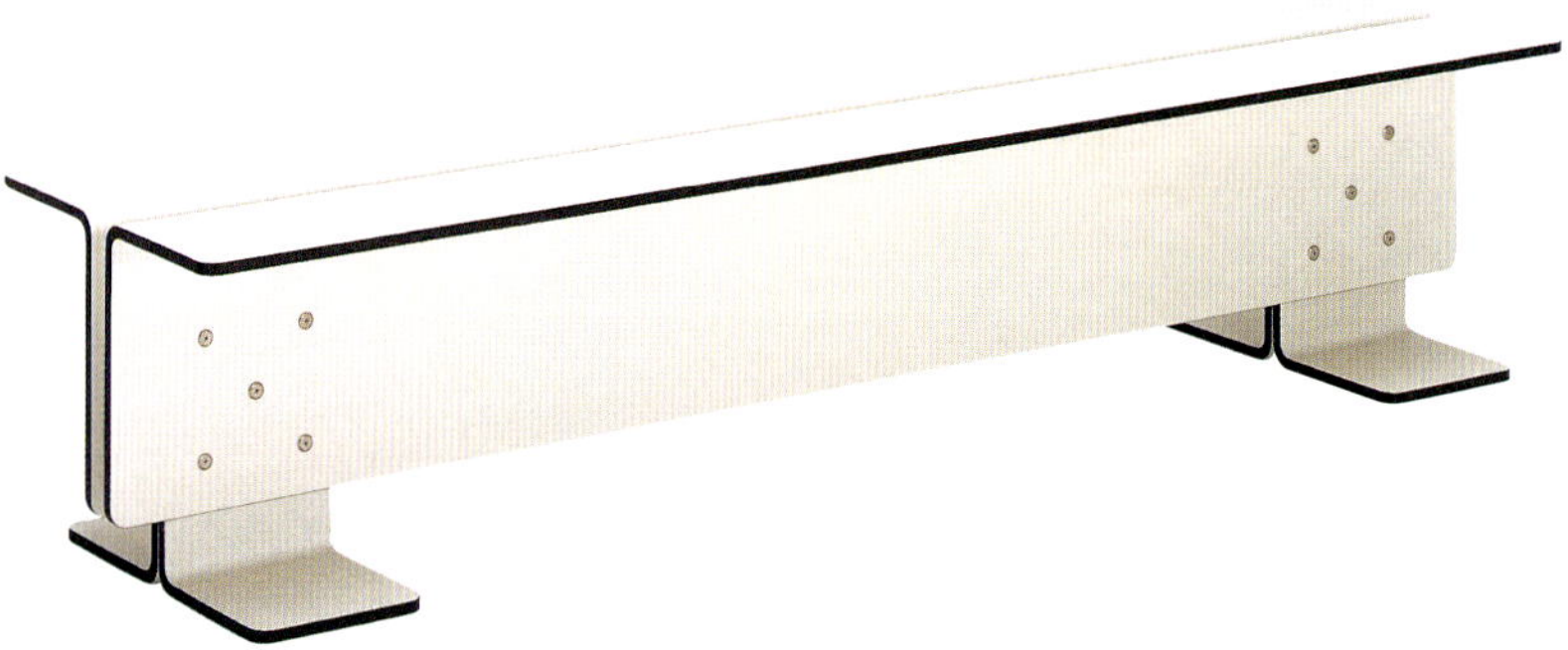

A long seat

単一なコーナーパーツを組み合わせて生まれた長さ3mまで対応可能のロングベンチ。その素材には建築外装材（フェノール樹脂板）を使用。高い強度と屋外にも置ける手軽さがいい

上でどんなに勉強しても現場の職人さんの方がよく知っています。同じ機械でも、工場によって使い方や工夫点が全然違いますしね。出会った工場とどこまで同化して、得意技を引き出せるか、そこからがスタートだと思っています」

2002年の「ENNE」から用いたフィンガージョイントも、徳島の宮崎椅子製作所との出会いがなければ生まれなかったという。

「とにかくフィンガージョイントが無茶苦茶うまい。それなのに、見えない箇所にしか使っていなかったから『きれいな加工技術を表面に使いましょう』と提案したことから生まれた作品です。僕にとっても工場にとっても大きな財産になりました」

イタリアに渡って体験した現場主義のデザイン。帰国後も5〜6年は仕事らしい仕事もなく、母校の非常勤講師で細々と生計を立てていたという。だが、一貫したのは「現場が見たい。打ち合わせも工場で」。

この村澤流モノづくりが、家具デザインに新たな波紋を広げている。

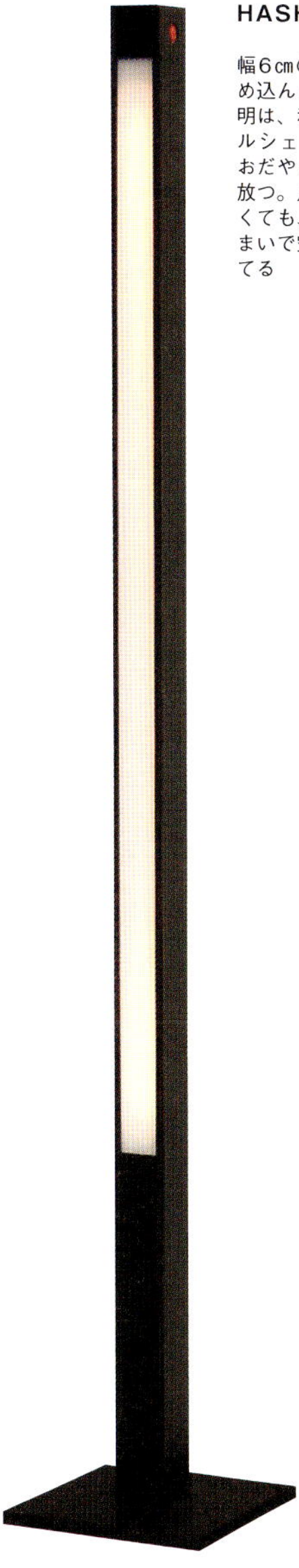

HASHIRA

幅6㎝の“柱”に埋め込んだスリット照明は、和紙風アクリルシェードを採用。おだやかな間接光を放つ。点灯していなくても、凛とした佇まいで空間を引き立てる

GAKU

額縁フレームと棚板のみで形成されたミニマルなシェルフ。L字、T字、コの字型と形は使い手しだい。振り止めのスラブがないため、間仕切り家具として使える

POTEMARU（左）、PUCHIMARU（右）

名前の通りぽってりとしたフォルムが愛らしい。円柱に見えるが、底面はフラットで安定感は抜群。ムーブメントが見えないように後姿にも抜かりがない

Yamada

山田耕民

カトラリー ／ サクライ社

川面に揺れる葉っぱのような、流美なラインが魅力のカトラリー。素材は丈夫でさびにくいステンレスを使用。華奢に見えるが、安定した重みがある

緊張しないデザインに本当の美しさがあると思う

文＝浜堀晴子　text:Haruko Hamahori　写真＝落合明人　photo:Akito Ochiai

Product Designer Interview

14 Koumin

Profile

やまだ・こうみん

1947年東京生まれ。1968年、育英工専（現：サレジオ高専）工業デザイン科卒業後、千葉大学工学意匠科助手を務める。RICデザイン事務所を経て1972年にY&Nデザイン事務所を設立し、1985年フリーに。代表作にGLOBALナイフや月兎印スリムポットがある

生活雑貨やインテリア誌に必ず作品が載っているといっても過言ではない山田耕民氏。ベストセラーである企業10社間とのコラボレート・ブランド「SHARAKU MONO」をはじめ、2006年にはローゼンダールからGLOBALの進化系ともいえるナイフシリーズを発表し、2006年秋野田琺瑯からは新作が登場した。

「自分がつくり出すモノそのものが、立派に見える必要はないんだよね。むしろモノを使う人の気持ち、精神がきれいになるようなモノでありたい。モノがもっている摂理、必然的なデザインには作為がないでしょ。そこに想像力を加えるとどうしても人間臭い作為が出てしまう。必要なのは想像力じゃなくて連想力。常にそう思ってつくってるね」

山田氏の代表作に「GLOBALナイフ」があるが、そこにも「作為」という無駄なデザインはない。

「錆びない、切れ味のいいステンレス鋼が開発された材料の変革という時代背景

月兎印スリムポット ／ 野田琺瑯

1986年の発表以来のロングセラーのホーロー製のコーヒードリップ用ポット。ぽってりとしたフォルムとレトロ感漂う風合いで、いまもなお絶大な人気を誇る

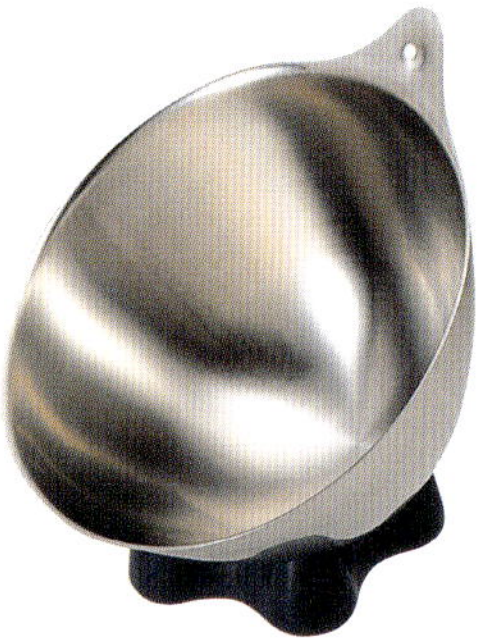

ミキシングボール ／ サラシナ社

泡立てやすい形状のボール、使いやすい角度に傾けられるシリコンゴムの土台、一体成形で丈夫な持ち手など、高い機能性とデザイン性が融合した逸品

がまずあって、その集大成的なタイミングで発表できたのはよかった。当時はまだステンレスは触ると冷たいと思われていたから、持ち手にドットの黒メッキ層を加えてね。格子も考えたけど、三角形の持ち手の形状にはドットの方がおさまりはいい。いまじゃブラックドットを使うとGLOBALになっちゃうから誰も真似できない。良し悪しという主観を超えた、誰が見てもわかりやすいデザイン。それがうまく表現できたと思うよ」

機能美に富んだデザイン。その根底には何があるのだろうか。

「例えば金属はシャープなイメージがあるからフォルムでやわらかさを出すなど、バランスが大事。直線って知的な印象を与えるけど、あまり人をリラックスさせない。使い手が気軽な付き合いができるように意識している。緊張しないところに本当の美しさがあると思うんだよ。自分も高級素材の椅子なんて緊張しちゃうからね（笑）」

GLOBAL ／ YOSHIKIN

海外で脚光を浴び、国内でも人気を博しているキッチンナイフ。超硬質ステンレス鋼を使用した刃と柄の一体成形からなるフォルムが美しい。柄のブラックドットは、他の追随を許さないデザイン

キャセロール ／ オイゲン社

日本を代表する鋳物技術のなかでもトップクラスの南部鉄器。それをスタイリッシュに仕上げ、トレーにもなるステンレス製の蓋で遊び心と機能性をプラス

Yoshioka

吉岡徳仁

MEDIA SKIN / au

それまで注目されることのなかった「質感」にこだわった携帯電話。au design projectの第6弾。吉岡氏はこれを「アートケータイ」と呼び、薄いボディでも機能面では妥協をしていないハイスペック端末でもある

新しい素材の模索は、未来に続くものづくりのために

文＝田村十七男　text:Tonao Tamura　写真＝柳沼浩胆（ポートレート）、アラタジュン（P.69）　photo:Koui Yaginuma, Jun Arata

15 Tokujin

Profile

よしおか・とくじん

1967年生まれ。桑沢デザイン研究所で倉俣史郎氏に師事。卒業後、三宅デザイン事務所に。1992年にフリーとなり、2000年に吉岡デザイン事務所を設立。分野にとらわれないデザインワークは世界中から注目されている。2006年イギリスの出版社PHAIDONより作品集を発売

２００６年のミラノ・サローネで発表され、大好評を博した「PANE Chair（パーネ・チェア）」。素材の魔術師とでも呼ぶべき吉岡徳仁氏の個性が十二分に発揮された、まったく新しい提案である。

「実は、２００５年のサローネで発表するつもりでした。けれど思うようなものができず、あえて見送ったんです」

　小さな繊維を組織化させ、力を分散して強度を保つという構造のパーネ・チェア。強度を出すには硬い素材と決まっていた従来の常識を打ち破ったところにこの作品の意義がある。しかし、窯に入れて焼き上げる製法ゆえ、出来上がりが不安定だった。思うような仕上がりに達するまで、何度も失敗を繰り返したという。

「サンプルの出来がよくないと落ち込んだりもします。でも、新しい挑戦だから失敗の連続は当たり前だし、実験を積み重ねてこそ、素晴らしい偶然に出会える。だから、失敗そのものは少しも悪くない。次につながる何かを発見できれば、必ず

Tokujin Yoshioka

吉岡徳仁

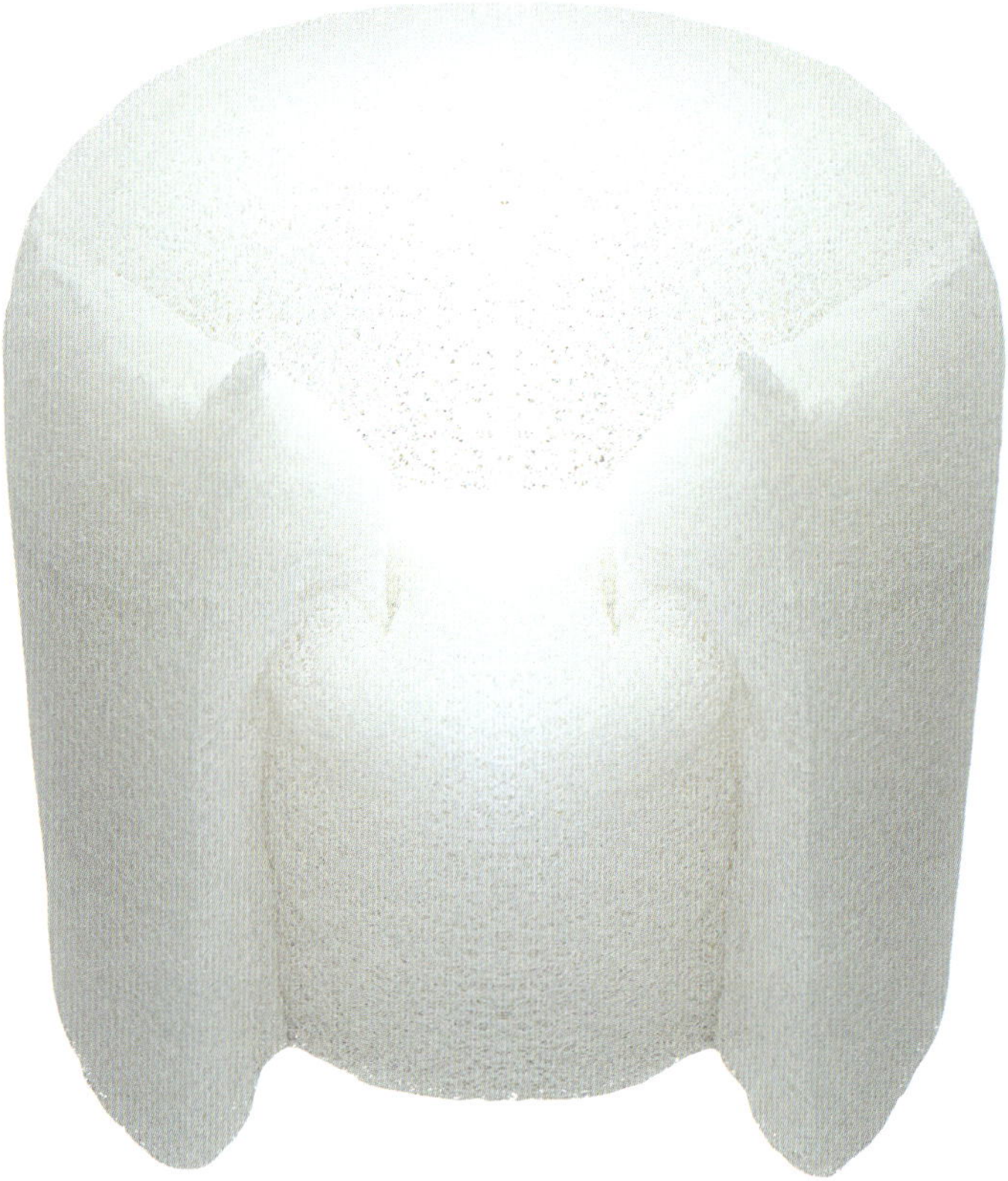

PANE Chair

数年前に読んだナショナルジオグラフィック誌の繊維特集から、繊維の可能性を確信し、生み出された、やわらかい構造の椅子。包み込むように人の体を受け止める。若干数の発売が予定されているという。

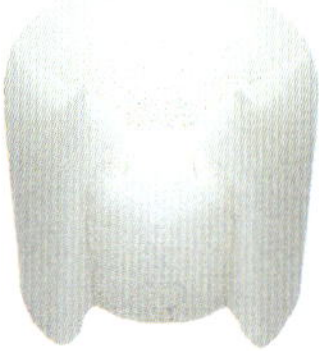

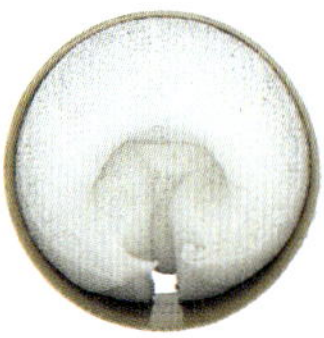

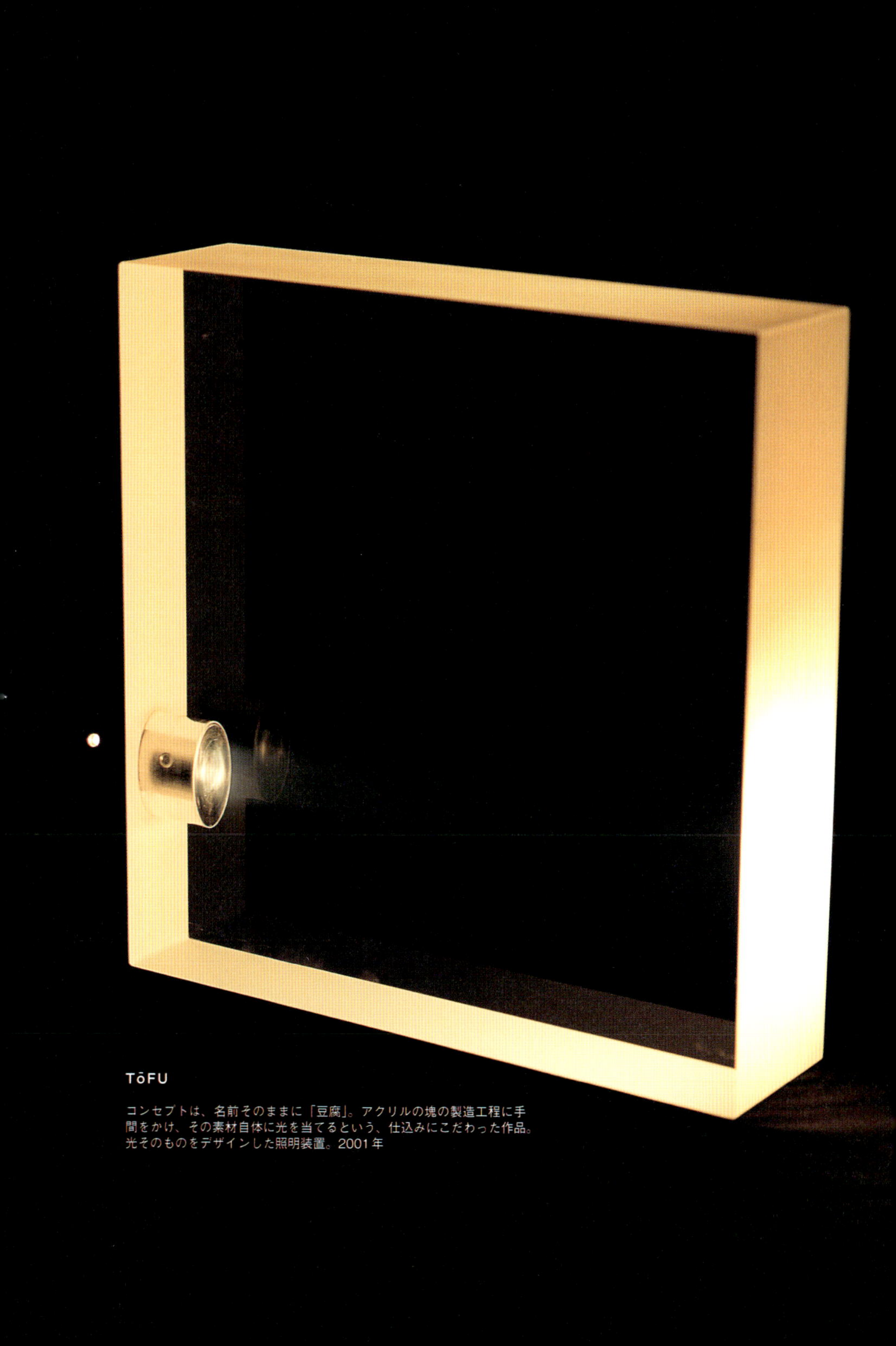

TōFU

コンセプトは、名前そのままに「豆腐」。アクリルの塊の製造工程に手間をかけ、その素材自体に光を当てるという、仕込みにこだわった作品。光そのものをデザインした照明装置。2001年

ISSEY MIYAKE／TO

イッセイ・ミヤケがプロデュースし、セイコーインスツルが製作した時計。文字盤や針を削除。内側の2枚の円盤が回転して時を知らせる。2005年

将来の成功を導き出すものです」

　そうしてパーネ・チェアは3年の歳月を費やして完成した。

「自分がつくるもので、まずは僕自身が感動したい。感動がないと、未来までもっていけるものにはなりません。明日を満足させるだけではない、もっと遠く未来まで届くものを生み出したいと考えています。新しいものが登場したときは、新しさだけで宣伝されてしまいがちですが、後世まで残るかどうかはちゃんと時代が整理してくれる。それは、過去の作品が証明していますからね」

　現在よりずっと先の将来を見据えて、吉岡氏は常に新しい素材や製法を模索している。そうした強い信念を抱いた背景には、現代のデザインに対するある疑念が拭えないという。

「デザインの名のもとにさまざまなものがつくられていますが、果たしてどれだけものに愛情が注ぎ込まれているんだろうか。使い捨てを必ずしも否定しないけ

TOKYO-POP

ポリエチレン一体成型でつくられたシリーズ作品。アームチェア、ソファ、シェーズロング、テーブルなど、いずれも有機的なフォルムをもっているのが特徴。2002年
photo by Tom Vack

HONEY-POP

蜂の巣の構造からヒントを得た、紙で構成された椅子。座る人のお尻でそれぞれの形に。MoMAや世界の主要美術館で永久所蔵品に選定。2001年

ど、大量消費させることがデザイナーの役目なのだろうか。環境問題が取りざたされる中で、これまで社会に対する責任はすべて企業が負っていたけど、これからはデザイナーの領域でも、ものを生み出す責任を考えないといけない。そうしたものづくりに向けた愛情も、パーネ・チェアには込められているんです」

多岐にわたる活躍でさらに注目が集まる吉岡氏だが、果たして自身の職業をどう捉えているのだろうか。

「僕はデザイナーです。最初に具体的な分野名をつけないとわかりにくいかもしれないけれど、ものづくりという観点に立てば、縦割り的に特定の分野で区切るよりも、デザイナーの考え方で横に分けてゆくほうが、むしろ明確になるんじゃないでしょうか。どんなものを手掛けても、その人の表現に一貫性は出ると思うし。海外には多いですね。フィリップ・スタルクもそう。そういう意味合いにおいて、僕はデザイナーです」

1

Product Designer's Office Chair

プロダクトデザイナーのいつも座っている椅子が見たい!

仕事をする際に座るのがワークチェア。
デザインがうまれる現場で、密接した関係にある
プロダクトデザイナーたちの
個性溢れる"仕事の相棒"を拝見しました。

アーロンチェア／佐藤オオキ

「特にこだわりはないんですけどね」といいつつみせてくれたのはどんな姿勢にもフィットするハーマンミラー社のオフィスチェア。座り心地を求めた末のセレクト

Vitra社製イプシロン／塚本カナエ

「ゆったりとした背もたれが欲しかった」と、選んだ椅子。身体を包み込む快適な座り心地に加え、座席がスライドし、全身を伸ばすことができるのもうれしい。デザイン性も高い

KEVI2004／五十嵐久枝

KEVIはクラマタデザイン事務所で使われていた。在所時に使用していたものはスタッフが受け継いだ。アームはオプション。「正統派オフィスチェアらしさが気に入っています」

デスクチェア／山田耕民

「有名デザイナーの椅子だと緊張しちゃうから」と近くの家具センターで購入した椅子。理由も「手頃な値段だったから」と気負いがない。名もなき椅子だが座り心地は抜群とか

イームズのアルミナムチェア／鄭秀和(インテンショナリーズ)

インテリアショップで見かけて、全体的な雰囲気を気に入って購入したイームズのアルミナムチェア。背面と座面が広いので、ゆったり座れる

アルミナム マネジメントチェア／
柴田文江

独立間もないころに思い切って購入。「中古なんです。現行型は五本脚ですが、これは四本脚の旧型。ファブリックも珍しい紫色で事務椅子らしくなく、座りごこちもいいですよ」

自身がデザインした試作品の椅子／
小泉誠

徳島の椅子工房、宮崎椅子製作所で製作進行中の新作試作品が小泉さんの現在のワークチェア。座り心地を確認し、修正を施している。脚部にはブナの木材を使用した

pepe／
村澤一晃

pepeのアームレスの一次試作品。「工場に行ってデザインをつくる、そんな現場の可能性を気づかせてくれた椅子」。発想を切り替えるターニングポイントとなった自作を愛用

ジョージ・ナカシマのコノイドチェア／
喜多俊之

喜多氏の「SANUKIシリーズ」もつくる香川県・桜製作所のアイテム。厳選した銘木を使ったこの美しい椅子は、伝統的な職人の手仕事を重んじる喜多氏ならではのチョイス

メダチェア／
グエナエル・ニコラ

ミニマルスタイルの事務所にソリッドデザインのメダチェアがしっくりとなじむ。スタッフ全員がこの椅子を使用。デザインと機能のバランス感がとてもよい

ヴィコ マジェストレッティのヴィコデュオ／
岩崎一郎

脚部にはブナの木材を使用した事務所の中にそっと置いておいて、コーヒーを飲んだりと、くつろぐときに座るチェア。ずっと憧れていたこの一脚を、独立して一番最初に購入

にしやま・こうへい

コロンビアで10 代を過ごし、帰国後東京大学入学。在学中に桑沢デザイン研究所で工業デザインを学ぶ。卒業後、マッキンゼー・アンド・カンパニー入社。桑沢デザイン時代の友人柄本洋典とエレファントデザインを設立。インターネットによる受注生産モデル「空想生活」を運営

デザイン活動の仕掛け人

1

Kohei Nishiyama

西山浩平

僕らの生活はムダのない「未来」へ進まなくてはいけない

文：森聖加　text：Seika Mori
写真：工藤裕之　photo：Hiroyuki Morita

空想生活

「空想生活」を運営するエレファントデザインのエントランス。これまでに商品化されたモノが出迎えてくれる

空想生活

消費者の「ほしい」をデザイン化し、予約を集めてから生産に入るDesign to Order。「売ってからつくる」画期的な仕組み。www.cuusoo.com

1

Kohei Nishiyama

西山浩平

COMPACT IH／三菱ホーム電器

立ててしまえる、卓上IHクッキングヒーター。テーブルの上に出しっぱなしにしても、陶器のような美しく、清潔なたたずまいで気にならない。お手入れもさっと一拭き

「僕はね、腕が細いんですよ。すると時計のバンドが余ってしまう。ベルトのようにサイズがないから仕方がない、と諦めるのではなく、せっかく使うなら、自分にぴったり合うものを使いたいでしょう」

自らの例とともに説明をはじめた西山浩平氏。サイズがない、デザインが気に入らない。けれど他にないから仕方がないと消極的に商品を選ぶのではなく、あったらいいな、と思うものに「ほしい！」と手を挙げ、製品化を実現する。西山氏が作り上げた「空想生活」の仕組みだ。

原点には学生時代に携わった鞄のオーダー製作がある。要望を聞いて作れば顧客は喜んでくれた。しかし、利益を得るには大量に数をこなす必要があった。大量生産と個別生産の狭間にある、企業の生産に必要な最少数で真にほしいものを手に入れる、新しいサービスの可能性を見出した。

これまで製品化にはエレファントデザインのスタッフが中心となり希望を取りまとめてきた。将来的にはユーザー一人

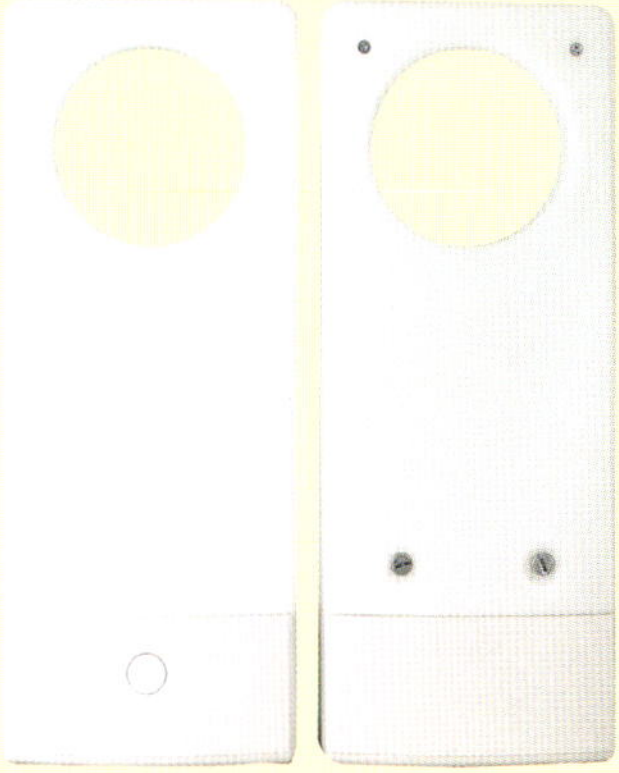

持ち運びできるあかり／良品計画

良品計画の「ものづくり家具家電プロジェクト」で実現。夜、枕元や物足りない場所を照らしたいというユーザーの声を反映し、置き場所自在の充電式コードレス型に。ドアノブにも掛けられる

「空想生活」誕生の原点となったオーダー鞄の製作。「人は趣味、仕事、ポジションが違えば指向性も違う。ぴったり合った物をつくればお客さんは喜んでくれる」。そのうれしさが仕事の原動力だ

window radiator／森永エンジニアリング

窓辺からの冷気の進入を抑えることで暖房効率を高めるアイテム。伸縮可能なので窓の大きさにぴったり合わせて設置可能。大掛かりな工事も不要だ

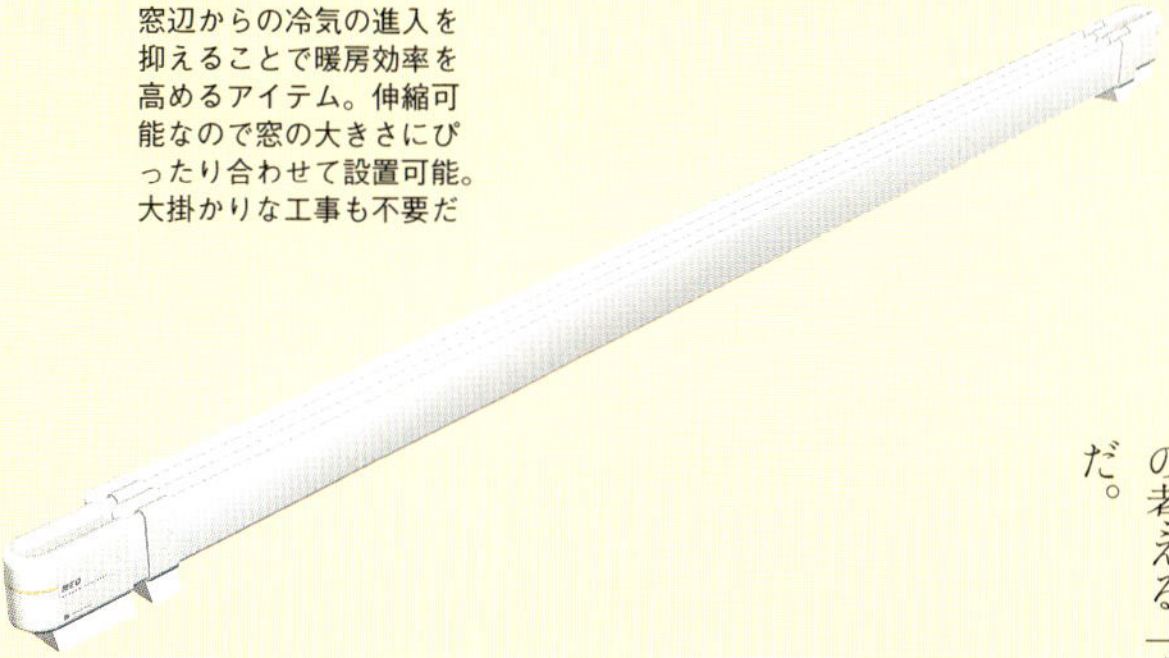

ひとりが主体となって「ほしい」商品をメーカーに提案するシステムに移行する予定だ。「現行のシステムでは多くの製品を開発するだけスタッフが必要。人件費が製品に転嫁されます。それは過去の仕組みと同じ。方法を変え、僕らは未来へ進まなくてはいけないんです」

無駄なお金も使わず、ゴミを出さずに、本当に欲しいものを手に入れる。西山氏の考える「未来」は極めてシンプルなのだ。

壁棚／良品計画

できるだけ跡を残さないで、壁に彩りを加えるL字型の取り付け棚。固定ピンの先は割れ、壁にしっかり固定されるにもかかわらず、ほとんど跡が残らない

esigner

1.Shigeru Uchida / 2.Yasuo Kondo / 3.Sugimoto Takashi /
4.Tsujimura Hisanobu / 5.Natsume Tomomichi /
6.Hashimoto Yukio / 7.Yasumichi Motita

Interior D
Interview

ホテルやレストラン、ブティックなど、
あの人気店の仕掛け人はこの人たち

インテリアデザインとは商業空間の内装デザインのこと。
日常ではなく非日常を味わわせてくれる
空間づくりのコンセプトとは？

1〜7

Interior Designer
Interview

1

Shigeru Uchida
内田繁

空間は形ではなく気配をつくるもの。見えない世界をつくることなんです

文＝室田美々　text:Mimi Murota　写真＝落合明人　photo:Akito Ochiai

Profile
うちだ・しげる

桑沢デザイン研究所インテリア·住宅研究科卒業後、1986年から5年半、クラマタデザイン事務所に勤務。1993年、イガラシデザインスタジオ設立。主な仕事はインテリアと家具、モノのデザイン。人とモノと間の関わりについて、進行形のモノづくりを目指している

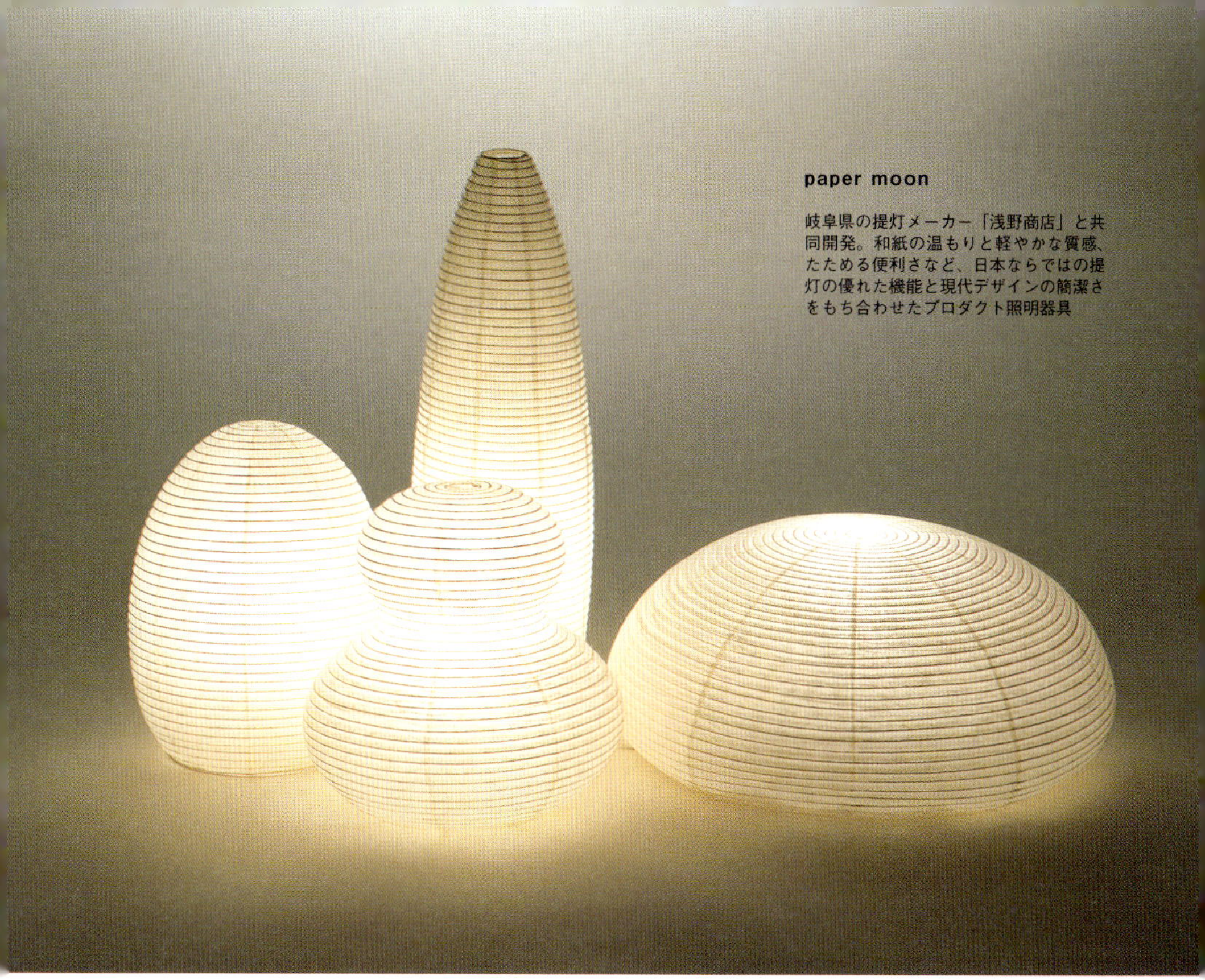

paper moon

岐阜県の提灯メーカー「浅野商店」と共同開発。和紙の温もりと軽やかな質感、たためる便利さなど、日本ならではの提灯の優れた機能と現代デザインの簡潔さをもち合わせたプロダクト照明器具

フリーフォームチェアという椅子がある。一見すると大きな枕のようだが、体を預けると包み込むような包容感があり、体を動かしても背中とクッションの間のフィット感は損なわれない。「自由に座れる椅子」、まさにこの形容がふさわしい斬新な椅子を生んだのが、日本を代表するデザイナー内田繁氏だ。「これは僕がデザイナーとして会社勤務をしていたときに個人的につくった椅子でね、僕にとって一番最初の家具なんです。まさに原点だね。袋の中には発泡スチロールの粒子が入っているんだけど、その素材に行き着くまでが苦労だったな（笑）」

椅子から脚を取る。今の時代なら不思議はないが、当時は椅子の概念を変えてしまう衝撃的なことだった。内田氏のデビューは早い。就職して2年目には、このフリーフォームチェアをはじめ、レストランなどの作品を発表している。そして、27歳で事務所を設立。現在、商業空間のデザインから家具、工業デザインに至るまで、幅広い活動を国内外で展開。その代表作を挙げるなら、六本木WA

オリエンタルホテル広島

2006年10月にリニューアルオープンしたオリエンタルホテル広島。脱日常的時間に応える場所としてさまざまな分野のクリエイターとつくりあげた

VE、門司港ホテル、神戸ファッション美術館……どれも時代を象徴するものばかりである。その中でも内田氏にとって、印象深い仕事として記憶に残るのがヨウジヤマモトの一連のブティックだ。内田氏のデザインは、時に海外の視点から「日本的だ」と評されることがあるが、この仕事もそのひとつだ。「このブティックを見て、世界中のジャーナリストが『内田の作品は日本的だ』といいました。それは決してけなしているのではなく、評価してくれているのですが、日本的なものを意識してつくったつもりは全くなかったので理解できませんでした。日本的な要素はむしろ排除したつもりなのに、なぜだろうと。僕はみんなが日本と感じていない日本とは何かを見つける『日本』の研究を行っているのですが、その始まりはこれがきっかけです。そしてわかったことが『日本』とは障子や畳などの表層的なものではなく、ものの考え方の中にあるのだと。だからどんなに現代的な素材を使おうが、日本的に見えたのだと思いました。捨てて、捨てて、捨て切ると、体内にある『日本』が出てくる。その『日本』を重要なメッセージとして伝えることが大切で、竹や和紙などの素材で見せる表面的な『日本』には何も価値がないのだと思いました」。例えばブティックの薄い棚。この繊細なデザインは日本人の感覚のひとつだ。内田氏は、「僕たちは日本文化の中で生きているのだから、そこから逃れることはできない。自分の考え方の中に根付く日本文化が意識せずとも自然と出てしまった結果なのだ」と解説した。

内田氏は「空間デザインとは観察の上に生まれるものであり、『気配』をつくること」と考える。空間が人の心にどう映るか、どうつながるか、それを考えて「気配＝見えない世界」をつくる仕事だと強調する。「例えば何かを際立たせて気配をつくることもあれば、その逆もあります。やり方は一様ではありません。しかし、どのようなものがどのような人にどういう感情を与えるのか、そのことを理解していなくては『気配』はつくれません。観察力をもつデザイナーこそが、

フリーフォームチェア

中の発泡スチロールに行き着くまで試行錯誤を繰り返したという内田氏の最初の家具。脚があって当然の時代だった。椅子から脚を取り除いたこの椅子の発表以降、世界で椅子の概念が変わった
photo by 淺川敏

求められる役割を果たす空間をデザインできるのだと思っています」

内田氏はこれまでにイタリアの建築家、アルド・ロッシ氏をはじめ、海外のクリエイターとの仕事も多く手掛けてきた。また、メトロポリタン美術館など海外の権威ある美術館には作品が永久コレクションされている。世界規模でその名が知られ、活躍を続ける内田氏。次に目指す仕事について伺ってみた。すると、「もっともっと弱い仕事をしていきたい」という意外な言葉が返ってきた。「弱い仕事」とは何なのか？「弱いものとは、これまでに捨てられてきたものです。20世紀は弱さを隠して強いものへ向かっていった時代。生産性を考え、手でしかつくれないものは捨てられてきました。だけどデザインの美は、そういった『弱さ』の中にあると思っています」

それは置き去りにされたものを再び見直すことへの大切な気持ちが込められているのかもしれない。内田氏の仕事にさらに期待が高まる。

木蘭（MU LAN）

東京、お台場のヴィーナスフォート内にある北京料理の名店、天厨菜館の姉妹店。ダイナミックで開放感のあるインテリアが評判を呼んだ。上下2階層の2フロアで茶房や個室も設置した
photo by 淺川敏

受庵、想庵、行庵

1993年にミラノのサロンで発表した茶室の作品。海外の美術館の人々を刺激し、その後、3年かけて世界を巡回して紹介された。内田氏の日本の文化、概念、茶の湯の講義も興味深いものだった
photo by Nacasa&Partners inc.

Interior Designer
Interview

2

Yasuo Kondo
近藤康夫

あえて象徴性を大切にした個性のあるデザインにこだわる

文＝嘉藤笑子　text:Emiko Katoh　写真＝加藤史人　photo:Fumito Katoh

Profile
こんどう・やすお

1950年東京生まれ。東京造形大学造形学部デザイン学科室内建築専攻。卒業後、三輪正弘環境造形研究所を経てクラマタデザイン事務所に入社。1981年に近藤康夫デザイン事務所、2003年にAB DESIGNを設立。2006年には九州大学大学院芸術工学研究院教授に

東証アローズ

証券・金融市場の顔である東証アローズは、情報社会に適した存在として再構築された。120年にわたる歴史に負けない新時代を彷彿させる象徴的な空間。近藤デザインの集大成といえる。

A CA 004

Aラインの一人掛けアームソファ。テーブルと同じく素材は、ビーチ、ナラ、ウォールナットから選べる
photo by 下村写真事務所

ホテルJAL シティ羽田 東京

“ジャパンモダン”をテーマにしたビジネスホテル。ホテル内の調度品であるインテリア家具は、近藤氏の家具ブランドAB DESIGNを中心に採用。内装：近藤康夫デザイン事務所、近藤康夫、松山邦弘、大坪輝史
photo by Nacasa&Partners inc.

近藤康夫氏のインテリアデザインの出発点は、六本木アクシスにある川久保玲の「ブティック・ローブ・ド・シャンブル」だ。この空間は、最も自分の理想に近いという自信作でもある。当時はアパレル産業が活発で、ブティック・デザインの依頼が年間100件あった。それは断るほどだったというが、仕事の内容はいまより本質的だったという。「そのときは空間の差別化が重要であったし、自分から表現の提案が可能だった」。それが、空間にとっての付加価値になると信じているからだ。そのスタンスはいまも変わらない。ただ、インテリアの手法は発展していく段階で変化してきた。

近藤氏は、「インテリアは感性で創り上げるのではなく、あえて方程式で創るものだ」という。つまり、インテリアとは〝方法論の開発〟によって成立すると断言する。それは、かなり具体的で実践的なデザインの考えである。これまで、彼の空間は3つの大きなフェーズを変遷

カッシーナ・イクスシー
青山本店／ Cassina IXC.

イタリア輸入家具店の大御所カッシーナ・イクスシーのショールーム。円形にかたどられた天井はまるでミュージアムのよう。インテリアデザイナーが、インテリアショップをデザインすることは、かなり意欲的なことだ

してきた。第一期は、空間を分割して建築としてのデザインを考える。第二期は、第一期のデザインに形を加えていく。第三期は素材や色を増していくという作業だ。こうした方法論は、社会と連動した関係からできあがるデザインである。だから、いまでも新しい手法を試みようと模索中だ。AB DESIGNは、家具デザインの新規市場を開拓するために出発した。それは、これまでの家具デザインにおける産業形態を変革させる意義もある。この意欲的な新事業は、家具のデザインから生産、流通、販売までをトータルプロデュースしていく。AB DESIGNには、A・Bでそれぞれの戦略がある。Aラインは近藤氏のオリジナル・デザインの定番型、Bラインは自身のコレクションともいえるライセンス契約用に変遷するデザインだ。日本独特の線の配置や構成で創る新しい概念の「ジャパン・モダン」の確立を目指すという。近藤氏は、常に挑戦するひとだ。

Interior Designer
Interview

3

Takashi Sugimoto
杉本貴志

デザインには時代を前進させる、蹴っ飛ばす力が必要です

文＝森 聖加　text:Seika Mori　写真＝落合明人　photo:Akito Ochiai

Profile
すぎもと・たかし

1945年東京生まれ。東京芸術大学美術学部卒業。スーパーポテト代表、武蔵野美術大学教授。「無印良品」、新宿「SHUN KAN」のほか、「パークハイアットソウル」「ハイアットリージェンシー京都」全館プロデュースなど多数

GRAND HYATT TOKYO

六本木のグランド ハイアット東京では、NAGOMI スパ アンドフィットネス、日本料理「旬房」、寿司「[illegible]緑」、神殿、グランドチャペルの内装を手掛けた。チャペルは壁一面に杉の木を配した厳粛な空間。天井からは自然光が降り注ぐ
photo by GRAND HYATT TOKYO

Hyatt Regency Kyoto

2006年3月オープン。旧ホテルの建物外観を変更できない制約の中での改修。ロビーの天井には日本の伝統的な文様からイメージを得た格子を、全客室のベッドボードには江戸、大正期の古布を使ったタペストリーをしつらえ、さりげない形で日本文化的な要素を配した
photo by 井原完祐

SHUNJYU TSUGIHAGI

2005年に20周年を迎えた、杉本貴志氏が自らオーナーをつとめる和食の店「春秋」。その集大成が「春秋ツギハギ」だ。鉄古材や廃材、庵治石など選んだものは、杉本さんが本物と認める素材。「美しさよりも何よりも、デザインには牙のようなものが備わっていないと次の時代に進めないと思う」（杉本氏）
photo by
SHUNJYU TSUGIHAGI

21世紀に入り、日本は転換点を迎えている。「デザインのあり方もそのうちのひとつ」と杉本貴志氏は切り出した。杉本さんが手掛ける自身の飲食店「春秋ツギハギ」は現在のデザインのあり方を問う、問題作だ。「きれいだとよくいわれますが、それはおかしい。もともと、きれいにつくっていないんだから（笑）」。店内にはインドネシア・スラウェシ島から運んだ築200年の民家を再築、ギャラリールームが連なる。異質な要素を組み合わせた、まさにツギハギだ。「通常、美しいといわれるデザインとは正反対にあります。私にとってはそれが魅力的なわけです」。20世紀、日本は世界トップクラスの経済力を得た。大量生産の結果だ。「その中でデザインが最も貢献したのは商品生産でしょう」と杉本氏は言う。大量生産は21世紀になって疑問視されるように。景気の後退もあり商品に頼らない方法を模索しはじめたかに思えた。「デザインは美しく、豊かに生きるため

Park Hyatt Seoul

日本人デザイナーでは初めて国際的ラグジュアリーホテルの全館のデザインを手掛けることになったパークハイアットソウル。写真は地下2階にあるバー「The Timber House」。中央に見えるカウンターはいくつものガラスブロックを積み上げて、光らせている
photo by 白鳥美雄

の技術と捉えられた。けれど景気が回復しだしたら違う方向へ進んでいった」。デザイナーズがもてはやされ、3カ月と経たないうちに新商品が販売される。「デザイナーズがメーカーに好まれる理由は、人々の欲望と市場が枯渇しないようにするため。絶えず刺激を与える有効な手段としてデザインは使われています」。デザインから消費以外の刺激を受けなくなった。商業は時代の進化に役立ったが、商品に加重を置きすぎて、現在は時代を進化させる力を失った。本来の目的から離れたデザインに対するアンチテーゼが杉本氏の創造の根本にある。「我々の世界はクローズし、自分で判断せずに他人の目を参照してモノを買う。そういう社会から変わらないと本物は生み出せません。デザインには時代を前へ蹴っ飛ばす力が必要。効率追求で失った味わいや季節感、私たちのもつ文化を明確にすることが今求められているのです」

Interior Designer
Interview

4

Hisanobu Tsujimura
辻村久信

日本の伝統にモダンを加えた
“いま”を見つめたデザイン

文＝室田美々　text：Mimi Murota　写真＝落合明人　photo：Akito Ochiai

Profile
つじむら・ひさのぶ

1961年京都生まれ。1983年株式会社リブアートに入社し、'95年独立。2002年有限会社ムーンバランス設立（現株式会社ムーンバランス）。京都精華大学特任助教授。Residential Lightning Award 2005 最優秀賞ほか受賞多数
photo by Sayuri Shimizu

匠奥村

2006年に伝統的な京都の町屋を改装して誕生した京都のフランス懐石料理店。伝統的な空間の中にも機能性のある、祇園の優雅な時間を過ごせる空間

照明器具や椅子、テーブルといった家具のデザイン、飲食店などの商業施設のインテリア、ホテルや寺院の建築、オリジナルブランドの展開など、幅広いデザイン活動を続けるのが、京都を拠点に活動するデザイナーである辻村久信氏だ。

事務所を構える京都はもちろんだが、大阪や東京といった都市部をはじめ仕事のエリアは全国に広がり、ニューヨークやパリといった海外で手掛ける仕事もある。そうした辻村氏の仕事で特徴的であるのが、クライアントの要望に合わせた、ケースバイケースのデザインのプレゼンテーションだ。例えば飲食店の内装といった仕事では、使用される椅子やテーブル、照明といった家具類はもちろんのこと、スタッフの制服や使われる食器、看板、店名のロゴデザインといった店舗全体のコンセプトづくりに関わる部分まで含めて提案することは珍しくない。

「単純にインテリアデザインといっても、クライアントの要望に合わせてつくるものが変わってきます。言われたことをそのままつくるのではなく、それに対して

Hisanobu Tsujimura
辻村久信

0

知恩院　三門亭

場所貸しの発想、寄せ集めの「土産物屋」を、あるコンセプトのもとに編集された商品群を持った「セレクトショップ」へと変革させたプロジェクト
photo by Nacasa & Partners Inc.

京都おばんざい
茶茶 Ryu-rey

椅子に腰掛けて行うお点前「立礼（ryu rey）」をテーマにしたレストラン。和のテイストを現代の椅子文化と融合した。壁一面を和紙とし、あたたかな光が広がっていく
photo by Nacasa&partners inc.

MIYAZAKI FURNITURE

京都の老舗、宮崎家具のショップ内装。あからさまに差異を強調するのではなく、さりげなく知的レベルを要求する中に生まれるデザインの深度を意識したインテリア
photo by Shimomura Yasunori

どのような解釈を示すか。必要ならばメニューまで考えますよ（笑）」

デザイナーとは、単に〝カタチ〟をつくるのではなく、それぞれの条件のなかでの可能性、解釈を提案すること。インテリアデザイナーであり、プロダクトデザイナーでもあり、時にはプロデューサーにもなる。「肩書きは自分の仕事を見た周囲の方に決めてもらえればいい」という辻村氏は、ある意味「デザイナー」の本来あるべき姿なのかもしれない。

テキスタイルデザイナーの脇阪克二氏、ファッションデザイナー若林剛之氏とともに進めるショップ「SOU・SOU」（そう・そう）といった活動もその一環だ。「日本の伝統の軸線上にあるモダンデザイン」をテーマに地下足袋、家具、雑貨などのオリジナル商品を展開している。伝統的な〝和〟の文化を大切にし、〝いま〟という時代にふさわしい表現。それは辻村氏自身のデザインコンセプトである。

Interior Designer Interview

5

Tomomichi Natsume
夏目知道

さまざまなことに挑戦しながら
クライアントの思いを形にしていく

文＝嶋田安芸子　text:Akiko Shimada　写真＝加藤史人　photo:Fumito Kato

Profile
なつめ・ともみち

1966年名古屋生まれ。1989年愛知県立芸術大学卒業。1989～1999年近藤康夫デザイン事務所にて勤務。1999年独立しインテリアデザイン会社設立。JCDデザイン賞優秀賞受賞（2003年）
www.natsumetomomichi.jp/

Ape Reine TOKYO

ウェディングセレモニーを行う場所としても機能している、原宿のレストラン。デザインができあがった後、空間をつくりながら微調整されていったことで、荒削りな感じが程よく出たそう
photo by Nacasa&Partners inc.

夏目氏が空間デザインに興味をもったのは、立体も平面も統合された空間デザインは「いろいろやってみたい」という気持ちを表現できると思ったから。大学卒業後、近藤康夫氏の事務所に入所した。「もうここに行くしかないと思って。就職できたのはラッキーだったと思います。デザイナーとしての本質的な部分で絶大な影響を受けました」

インテリアデザイナーの仕事は、専門的に分かれることが多いが、夏目氏が独立してから手掛けているものは多岐にわたっている。

飲食店や雑貨店、アパレル系といったショップから、オフィス、マンションリフォームなどの住宅系に、病院のインテリア、舞台美術なども。この中でどれがいちばん好きというのは限定できないという。「空間デザインそのものが好きなのですが、もともといろいろなデザインが好きなんです。このデザインがいい、というよりは、たとえばクライアントが『女の子の可愛い感じで!』というと、それを一生懸命考えてつくることが楽し

BAR NAKAGAWA

「北欧のリビングのような温かみをもつ店」をコンセプトにつくられたバー。オーナーの北欧への想いは、夏目氏のデザインによって、シンプルな中にも個性を感じさせる空間となって実現された
photo by Nacasa&Partners inc.

JILL STUART COSMETICS

ジル・スチュアートが展開するコスメティックショップ。かわいさと上品さがバランスよく融合しつつも存在感のあるお店に
photo by Nacasa&Partners inc.

い」。だから、デザインのコンセプトやこだわりは「基本的にクライアントにとってベストなデザインを提供することに徹する」というのも、自然なスタンスのもとに行われているのかもしれない。

2006年の夏には、富山県でワークショップに参加し、吹きガラスの技術を用いてオイルランプをつくった。ガラスのことをよく知らないデザイナーの発想が、ガラス工房に在籍する作家の技術で作品になるという面白い企画だ。ガラスが割れたときにできる模様が綺麗で、表現できないかと思っていたそう。イメージしているものができあがるまで実験を繰り返し、「ice&fire」という幻想的なランプができあがった。

仕事は依頼ごとに内容が違うから、模索しながら提案しているという。「いろんなものができて当然という思いがあります。自分の中にこんな一面もあったのか、といった発見があることも楽しいんです」

TIME & STYLE HOME

オリジナル家具や生活雑貨が揃うインテリアショップ。ここのインテリアデザインを夏目氏が手掛けた。独立して初めての仕事だそう
photo byNacasa&Partners inc.

Interior Designer
Interview

6

Yukio Hashimoto
橋本夕紀夫

デザインは新しい時代を切り拓き、人に感動を与えるものでありたい

文＝森 聖加 text:Seika Mori 写真＝落合明人 photo:Akito Ochiai

Profile
はしもと・ゆきお

1986年愛知県立芸術大学デザイン学科卒業。スーパーポテトを経て1996年独立。「雑草家」「橙家」「安曇家」「BEAMS HOUSE」など飲食店やショップデザインを中心に、「相田みつを美術館」、住宅、プロダクトデザインなどを手掛け、活動の幅を広げている

CHANTO NEWYORK

ニューヨーク・ウエストヴィレッジにオープンした、アメリカ初出店のレストラン「ちゃんと。」。ダイニングルームは漆塗りのパネルを壁に張り、中央にオーストリアスタイルのシャンデリアを下げた。ゴージャスな雰囲気
photo by Nacasa&Partners inc.

石庫門　高田馬場店

中華料理店。「石庫門」とは上海の伝統的な建築様式をいう。インテリアは東洋と西洋が融合した同様式のエッセンスを随所に配している。鳥かごの中の青く光る鳥をLEDを使って表現して、遊び心もプラス
photo by Nacasa&Partners inc.

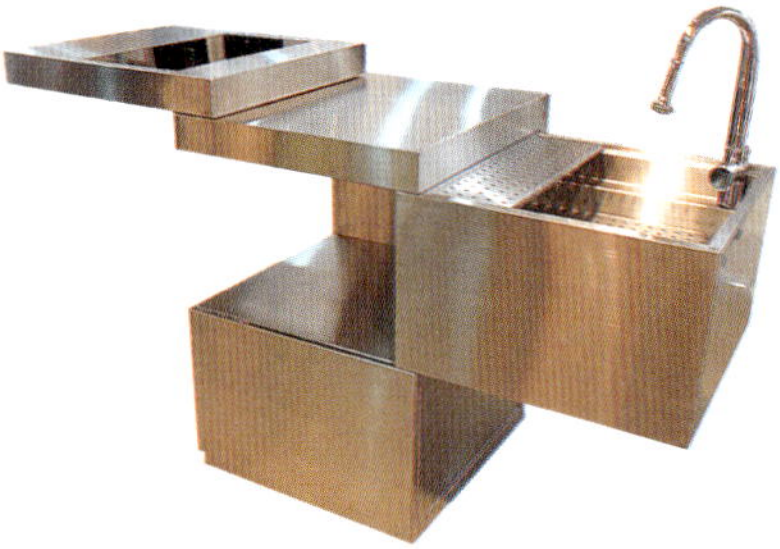

MINIMUM KITCHEN

高さ80㎝、幅・奥行き60㎝のステンレスの箱を展開すると、あっという間にコンパクトなキッチンに。シンクだけでなく、ワークトップと段差がないIHクッキングヒーターも完備。使っていないときは場所も取らない。究極のスマート、キッチンシステム

「店舗デザインでは、デザイナーは依頼者であるオーナーの思想を表現する媒体者だと思っています」。だから、自分の個性を極力出さないようにしているのだと橋本夕紀夫氏は言う。依頼者に明確なイメージがある場合も、そうでない場合も、デザイナーの個性を押しつけることはない。自らの幅を狭めることになるからだ。「デザインは新しい時代の価値観を切り拓き、人に影響力や感動を与えるものでありたい。それはたった一人の価値観だけでは生み出せません。なるべく多くの価値観を吸収してつくり上げます」。自身の頭は常にフラットに。「私の描く図面はひとつのキッカケに過ぎません。図面をもとに現場にいる職人の技術、意見を取り入れ、本物に近づけていきます」。デザインはスタッフや関係者の力の集合体だという。その中で橋本氏は、目標に対して価値観の整理をする役割を担う。華やかな商空間を支えるのは地道な作業だ。素材も派手さより、経年変化

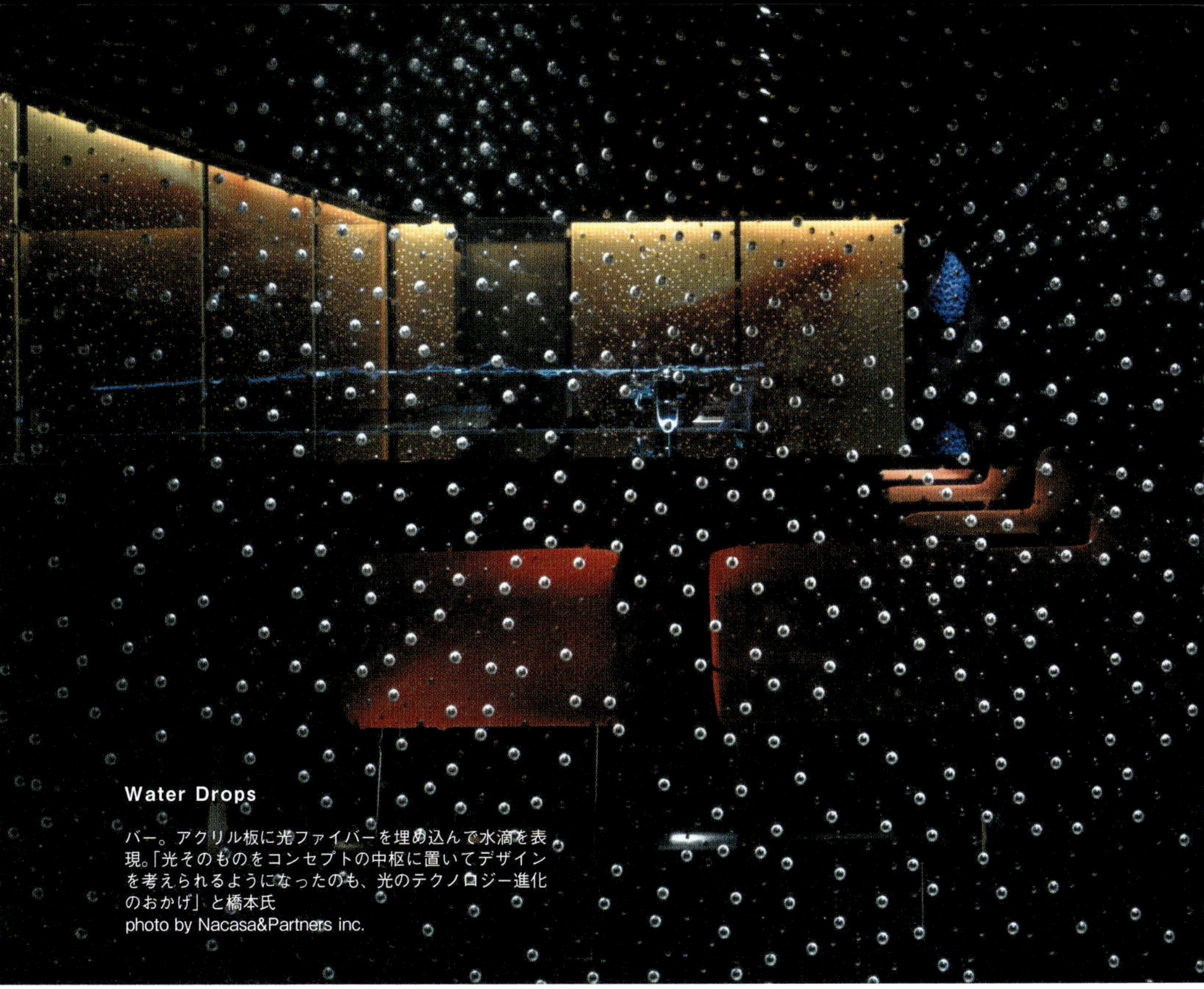

Water Drops

バー。アクリル板に光ファイバーを埋め込んで水滴を表現。「光そのものをコンセプトの中枢に置いてデザインを考えられるようになったのも、光のテクノロジー進化のおかげ」と橋本氏
photo by Nacasa&Partners inc.

に耐え、味わいの増すものを中心に使う。「飲食店の場合、5年程でリニューアルを考えることが多いのですが、そんな変化の早い世界でも文化発信できると考えています。一度つくったものは10年、20年と生かしたい」。とはいえ、新しい技術を取り入れることに対しては積極的だ。とりわけ、光を使った巧みな空間構成には定評がある。「光は建築の重要な要素。光と影の関係が空間をつくります。ただし、それは自然の光と建物との関係でいわれることでした」。商業施設は外光が入らないことがほとんど。そこに光ファイバーやLEDの力が加わり、状況は大きく変わった。「何かを照らす考え方から、光そのものが構成要素のひとつになりました。光を他の素材と同等に考え、結果的に空間構成要素の重要な位置に据えることが多いです。伝統的な使い方と最新の技術を組み合わせ、新しい価値観をつくる。それもデザイナーの大切な役目なのです」

Interior Designer Interview

7

Morita Yasumichi
森田恭通

流行？ とんでもない。普遍的な商空間が僕のテーマです

写真＝井原完祐　Photo:Kansuke Ihara

Profile
もりた・やすみち

1967年大阪生まれ。フリーランスとして活動後、イマジンのチーフデザイナーとして活躍。1996 年森田恭通デザインオフィスを設立し、2000 年にGLAMAROUS CO.,LTDと名称変更。海外でも多数のプロジェクトをかかえるなど幅広く活躍中

MEGU MIDTOWN

ニューヨークのトップレストラン「MEGU」の姉妹店。2004年に手掛けた「MEGU」は氷の仏像を置く個性的な演出が話題になるが、この店舗では既存の大きな柱を提灯に見立てた
photo by Nacasa&Partners inc.

SEIKO GALANTE

2006年に発売された限定セイコーウオッチ。ブラックダイヤを敷き詰め、秒針のデザインで軽やかさを表現。スポーティさを兼ね備えたラグジュアリーなデザイン

O.M.CORPORATION

大阪にある会社のオフィスデザイン。「オフィスのデザインがよければ会社に人を呼べる。ということとは営業に行く経費を減らせるし無駄な時間も省くことができる。つまり効率がよくなります」と森田氏。なるほど、おっしゃるとおり

photo by Masayoshi Yamada

いま話題のインテリアデザイナーといえば森田恭通氏。テレビ番組で密着されたり森田氏プロデュースのマンションが企画されたり、メディアの露出も多いからだ。2ページ前のポートレートを見れば「ああ、この人か」と納得する方も多いのでは？ さて、そんな森田氏は若い頃に飲食店で働いていた経験からこの世界に入った。働きながら「この空間、もっとこうすればお客さんが増えるのに」と考えていたことが原点になっている。「リピート率の高い店にするにはどうすればいいか？ そのためには時代の半歩先をいくことです」と森田氏。奇抜すぎてもダメだし、もちろんダサいと話にならない。そこらへんのさじ加減やバランス感覚に森田氏は長けている。フレンチやイタリアン、和食など、業種によってもそれらは違ってくる。たとえばお好み焼き屋だったらスタイリッシュすぎるとお好み焼きがおいしく思えない、だから「ダサカッコイイものつくりますね」と

TOKIA

商業空間ばかりが森田氏の活躍の場ではない。これは丸ノ内にある東京ビルディング「TOKIA」のパブリックスペースでの仕事。左の写真のように照明をデザインメソッドに用いた印象的かつ普遍的デザインだ
photo by Nacasa&Partners inc.

森田氏。商業空間とは時代の空気感を反映させているものが多い。「流行？ とんでもない。そのお店がずっと続くように普遍的な空間づくりを考えていますよ」。たとえば丸の内の「ＴＯＫＩＡ」の公共スペースは照明だけでデザインをした。確かに「光」に対して、古い、新しいという感覚は生まれない。派手でラグジュアリーな印象が強い森田氏だが、それはメディア受けのいいものばかりを見ているから。そのデザインはもっと幅広く、奥深い。「インテリアデザインは商売の起爆剤にならなければならない」と考える森田氏へのオファーの数はすさまじく、年間で70〜80軒。中にはニューヨークやロンドンなど海外のものも多い。注目は２００８年に香港で開業予定のホテル「Ｗ」。客室からパブリックスペースまですべてをデザインすることに注目が集まる。「世界的デザイナー」いまや森田氏にはこの肩書きがふさわしい。

2

Interior Designer's Rough Sketch

インテリアデザイナーのラフスケッチ拝見

アイデアがギッシリと描きこまれた
インテリアデザイナーのラフスケッチ
そのいくつかを見せていただいた。

近藤康夫

近藤氏のラフスケッチはとても色鮮やか。空間ごとに色をつけてマーカーで塗る。平面から見ても立体で見られるようなわかりやすいスケッチだ。これは三菱東京UFJ銀行のもの

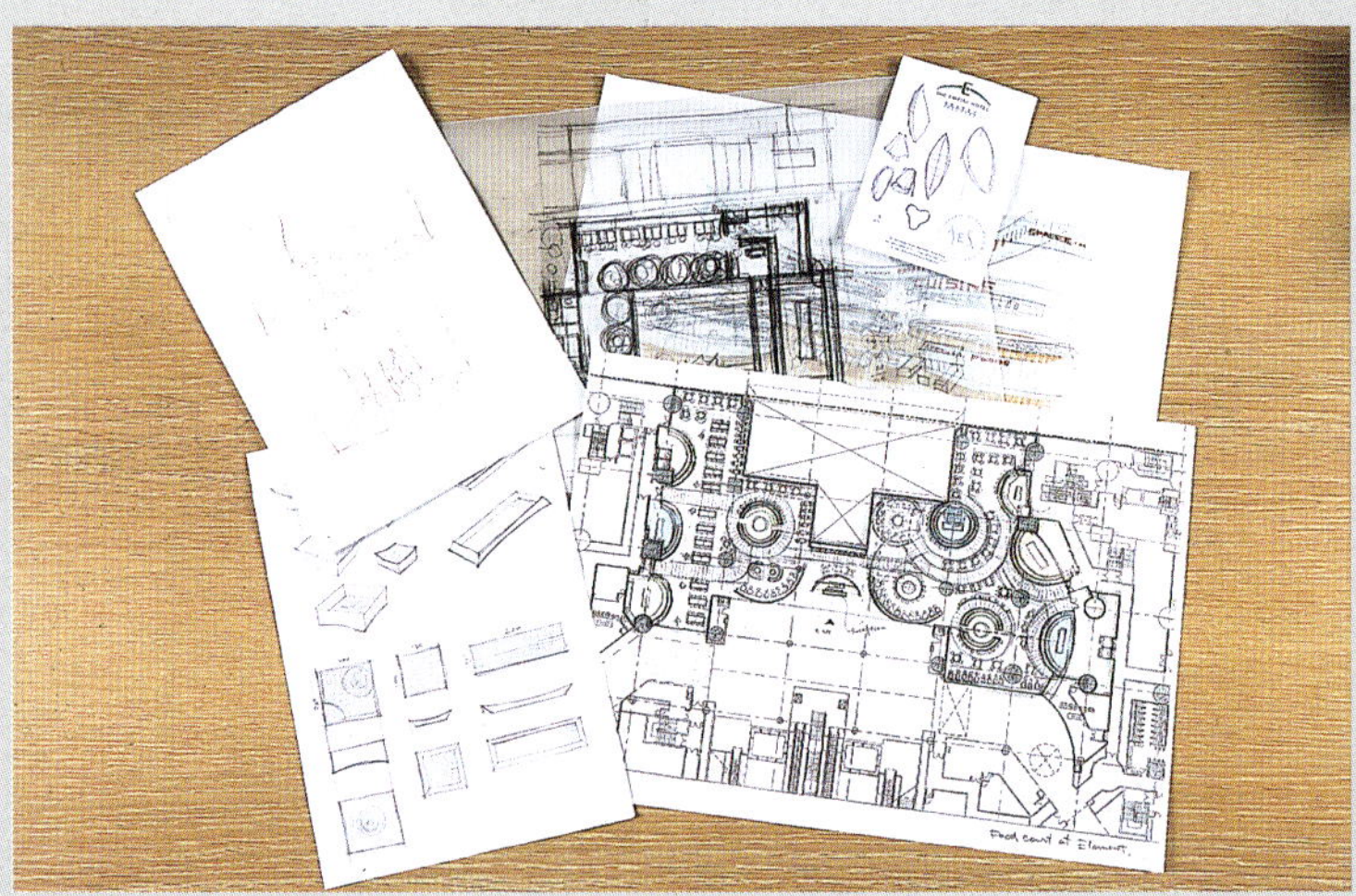

橋本夕紀夫

橋本氏は、頭の中にイメージが思い浮かんだときに、すぐにそれをスケッチする。なので、特にこだわりの道具があるわけではなく、その場にあった紙切れが、スケッチ用紙へと様変わりする

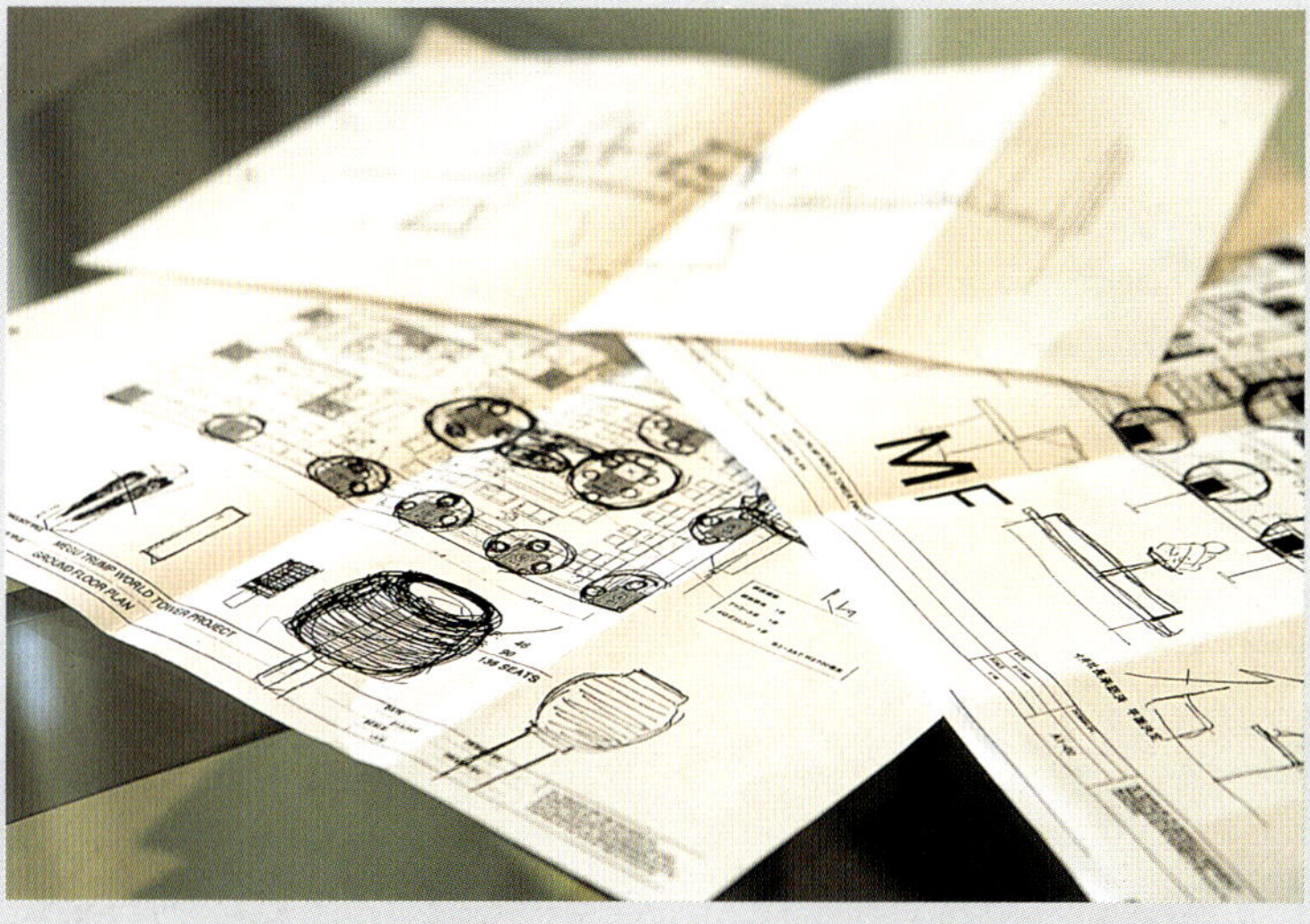

森田恭通

「MEGU MIDTOWN」の図面に赤を入れたもの。既存の大きな柱を隠すのではなく、逆にデザイン的に利用して提灯に見立てようというアイデアを描き込んだ図面だ

夏目知道

夏目氏は、外でちょっと座ったときにスケッチをする。カバーをかけた無印良品のノートを、いつも鞄にしのばせている。写真は「Order-Cheese.com」のパッケージをデザインしたもの

たちかわ・ゆうだい

1965年長崎県生まれ。t.c.k.w代表。家具、照明、家電などのインテリア関連プロダクトの企画・商品開発を軸に、販売促進、PRまで、デザインが世の中に出て行くまでに必要な環境整備を、全プロセスにわたり手掛けている。日本の伝統的手仕事と現代のデザインを結ぶ活動「ubushina」を、自社でプロデュース

デザイン活動の仕掛け人

2

Yudai Tachikawa

立川裕大

—

社会ときちんと関わりながら、デザインを通してできることを追求

文＝嶋田安芸子　text:Akiko Shimada
写真＝落合明人　photo:Akito Ochiai

—

ubushina

デザイナーや建築家と、日本の伝統技術の漆や鋳物、寄木等の職人とをつなぐプロジェクト。写真はdunhillの展示会場を鏡面の黒漆のパネルで構成したもの。デザインは尾谷憲一
photo by Nacasa&partners inc.

2

Yudai Tachikawa
立川裕大

miyakonjo product

宮崎県都城市の小さな家具メーカーのための商品開発プロジェクト。デザイナーの小泉誠と、村澤一晃とともに、日常使いの誠実な家具を提案している。写真は、小泉誠によるTETSUBO hanger with base（左）と、村澤一晃によるHARU
photo by 梶原敏英

デザインディレクターとして様々な方面で活躍する立川氏。デザインと流通、製造、マスコミをつなぎ合わせてプロジェクトの環境を整えていくという、家具や家電、インテリアのコンサルタント的存在だ。

学生の頃、カッシーナのショールームに足を踏み入れ、強烈なインパクトを受けたことがこの仕事に至ったそもそものきっかけ。就職後、家具の企画や販売業務に関わっていたが、イタリアデザインの本質的な思想に触れあう機会に恵まれるようになり、方向性が固まっていった。

「流行のものやブルジョア向けのものではなく、生活文化に対して意義のあるモノづくりをしていきたい。たとえば、僕が最も尊敬しているイタリアの巨匠カスティリオーニは、見かけの形だけをいじくることは一切なかった。根本的に人間と道具の関係を見つめるところから、人間にとって解決すべきことを時間をかけてあぶり出し、導き出されたデザインを通じて、人々の生活や精神を豊かにしていった方です」

CLASKA

1969年建設の老朽化していたホテルニューメグロがリノベーションされ、2003年にギャラリーやブックストアを併設したホテルCLASKAが誕生。事業主、設計者、運営会社探しといった企画、コーディネーションから、家具などの開発ディレクションまでを手掛けた
photo by Nacasa&partners inc.

立川氏のベースにある想いは、「仕事を通じて現代の社会と健全に関わっていきたい」ということ。「ubushina」では日本の手仕事の技術を世界中の建築家やデザイナーへ橋渡しをして、過去から継承されたものを現代の目線で検証し、未来に向けてできることにチャレンジしている。「伝えたいことを、時間をかけてでも、立証していけたら」と考えている。

or

1.Fumikazu Ohara / 2.GROOVISIONS / 3.Taku Satoh / 4.Naoki Satoh / 5.Norito Shinmura / 6.TYCOONGRAPHICS / 7.TUGBOAT / 8.Manabu Mizuno / 9.Bunpei Yorifuji

Art Direct Interview

パッケージデザインやCMや装丁…
時代の気分を軽やかにデザインする
アートディレクション

毎日使っているティッシュやテレビで目にする
CMやポスター。普段の生活を楽しくしてくれる
デザイナーはこんな人たち。

1〜9

Art director Interview

1.

尾原史和

Fumikazu Ohara

soup design

人を感動させるのが好き。
デザインはその一手段なんです

文＝森聖加　text:Seika Mori　写真＝落合明人　photo:Akito Ochiai

『R25』／リクルート

2004年7月創刊のフリーペーパー（リクルート発行）。シャープでありながら、庶民的で分かりやすいデザインを心がけたという作品。駅前やコンビニなど人の流れが激しいなか、タイトルロゴと一言キャッチで人の目を惹きつけるコンセプトに合わせて表現する。グラフィックデザイナー、尾原史和氏が手掛けるデザインは実に振れ幅が大きい。制作物を比べても統一した「尾原テイスト」は見当たらず、同じデザイナーがつくり出したとは思えない。

「自分のクセを出すのではなく、メディアや媒体のコンセプトを汲み取って最善を尽くそうと心がけています。主張するのはデザイナーではなく、そのモノ自身。デザイナー色を強く出した方がいい本も確かにあります。その場合も、僕個人のカラーではなくて、デザイナーが主張しているようにつくるんです」

23歳で独立し、雑誌『コンポジット』のデザインを手掛ける頃からスタッフが一人増えた異業種ユニット「スープ・デザイン」も、いまやグラフィック部門の単独事務所を構えるほどに成長している。現在、32歳。抱えるスタッフは10人に達している。

「いまある環境に甘んじることなく、常

Profile

おはら・ふみかず

1975年高知生まれ。1995年専門学校を卒業後、地元印刷会社へ就職。1997年に上京してアジールデザインに入り、1年後独立。1999年に5人の異業種ユニットSoup Designを開設（2003年法人化）。『R25』『北欧デザイン』『Invitation』などエディトリアル、グラフィックデザインを中心に活動する

『NEUTRAL』／白夜書房

創刊号でイスラム特集を組んで話題を呼んだ斬新な旅雑誌。「美女」や「月」など美しいものを見る旅がテーマで、尾原氏もアートディレクターとして企画段階から参加している

『あたらしい教科書』／プチグラパブリッシング

学ぶことの楽しさを思い起こさせてくれる、大人のための教科書。さまざまなテーマを、ヴィジュアルを多用したわかりやすい構成と詳しい情報で、学びの世界を解説

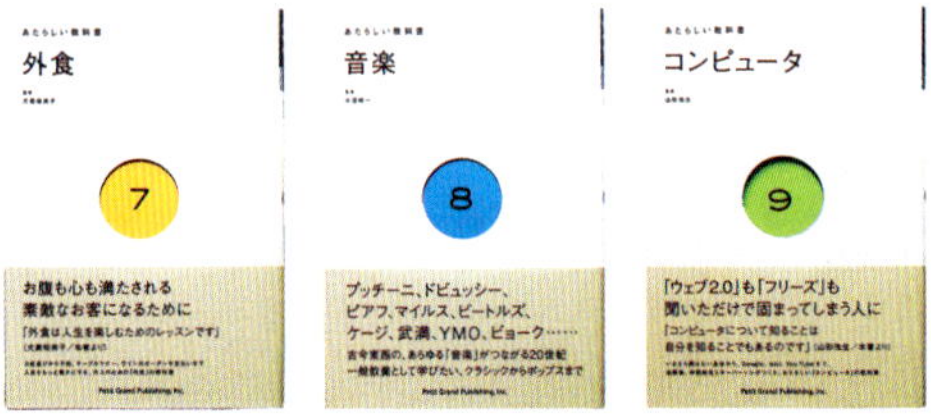

に新しいモノ、新しいことをやりたいという気持ちがあります。当初、建築家、プロダクトデザイナー、シェフの異業種ユニットを組んだのも、表現方法は違っても発想は同じ、いい刺激を受けられるのではないかと思ったから。特に建築のロジカルな考え方にはインスパイアされましたね」

異業種間のコラボレートで、グラフィックデザインとは何かを改めて問いかけることにつながったのではないだろうか。デザインの原動力について尾原氏はこう語る。

「感動してもらえることが大事かなと思う。感動を与えるって相当のことをしないと無理ですが、僕はずっと人を感動させることに関わっていきたい。その最良の手段がいまはデザインだということなんです。人に評価してもらわないとやりがいがないし、やっている意味がない。評価、それは感動を与えられているかどうかの判断基準になりますから」

『北欧デザイン』／プチグラパブリッシング

上質な雰囲気を大事にした、見やすさ読みやすさを考慮したシリーズ（プチグラパブリッシング刊行）。布張りの素材感を活かした文字だけの装丁が、かえって書店で目立つ効果を与えている

『セラミックスタンダード』／プチグラパブリッシング

白山陶器の「G型しょうゆさし」などのデザインで知られる森正洋氏の作品集。氏のデザインと同じく、シンプル＆スタンダードな装丁でまとめた

『planted』／毎日新聞社

いとうせいこう氏が編集長を務める、植物をキーワードにした都市生活者のための提案型ライフスタイルマガジン。尾原氏は3号目のアートディレクター

Art director Interview

2.

GROOVISIONS

グルーヴィジョンズ・伊藤弘

©GROOVISIONS

シンプルが僕らのカラー

文＝室田美々　text:Mimi Murota
写真＝樋口勇一郎　photo:Yuichiro Higuchi

チャッピー

もともとは伊藤氏がテレビゲームのキャラクターとしてつくったというチャッピー。展覧会への出品がきっかけとなり、現在の増殖するスタイルのチャッピーが正式に誕生した。現在ではさまざまなグッズが作り出されている。CDデビューも果たしタレント活動も行っている

Profile
ぐるーう゛ぃじょんず／いとう・ひろし

1993 年に伊藤弘氏を中心に京都で結成したデザイン集団。設立時からピチカートファイブのライブビジュアルなどを担当し、注目を集めるようになる。1997年より活動拠点を東京に移動。グラフィックを中心にあらゆる方面で活躍。着せ替えキャラクター「チャッピー」の所属事務所

１９９３年、京都で結成されたデザイン集団「グルーヴィジョンズ」。その存在を認識していないという人でも「チャッピー」というキャラクターは大半の人が知っているのではないか。可愛いのにどこか無機質。そして、服を着替え、女の子にも男の子にもなって増殖し続ける不思議なキャラクター。このチャッピーの生みの親が代表の伊藤弘氏だ。伊藤氏にチャッピーを含め、グルーヴィジョンズの仕事について伺った。

「チャッピーはもともと、ミニマルアートのコンセプトをキャラクターで展開するとどうなるかを試してみることから始まった作品です」

１９９６年の誕生から11年。現在も書籍の表紙や広告物の中にたびたび登場し、その存在をアピールするチャッピー。伊

『広告批評』／マドラ出版

『広告批評』（マドラ出版株式会社発行）では、2004年4月号から、ページのレイアウトから表紙のデザインに至る全てのアートディレクションを担当

ALL IN ONE ／ 西日本シティ銀行

オールインワンだから「犬」でいこうと可愛い黒犬のキャラクターに。銀行のキャッシュカードをはじめ、ノベルティグッズなどのデザインも行った。銀行では黒を使うことは珍しいことだが、親しみやすいキャラクターとなったためカラーが生きた

藤氏は、「僕らはチャッピーをマネジメントするタレント事務所のようなもの」と笑う。

現在、グルーヴィジョンズのメンバーは伊藤氏を含め7名。それぞれがデザイナーとして、広告やCDジャケットやプロダクト、ムービーなど、さまざまな仕事を手掛けている。その一連の仕事を眺めると、どれからもグルーヴィジョンズならではの共通した世界観が伝わってくる。しかし、伊藤氏は自分たちには意識して決めているコンセプトもテーマもないという。

「ただ『シンプル』という点はこだわっているかもしれません。デザインではそぎ落とす作業にとても時間をかけます。そういうところが自然とカラーになって出ているのかもしれませんね」。今後もいろいろなメディアに挑戦していきたいと語る伊藤氏。夢はさらに広がる。

100% Chocolate Cafe. ／ 明治製菓

明治製菓の新社屋1階の「100% Chocolate Cafe.」では、お店のロゴやパッケージデザインを担当。クール&スイートなデザインが話題に

GAKU-MC&Kazutoshi Sakura (i MR.Chirdren): Te wo Dasuna! (2006.05.31) ／ TOY'S FACTORY Inc

今年5月に発売されたGAKUとミスターチルドレン・桜井和寿のコラボレーションCD。サッカーをテーマに桜井和寿がラップを熱唱
photo by Mie Morimoto

SUNEOHAIR:Headphone Music (2006.05.24) ／ Epic Records Japan inc.

ヘッドフォンを耳にかけて曲を聴く鹿のビジュアルが印象的なアーティスト・スネオヘアーのCDジャケット。スネオヘアーではCDのビジュアルデザインのほか、ツアーグッズなどのグラフィック回りの仕事も手掛けている

Art director Interview

3.

佐藤卓

Taku Satoh

デザインは人と人を繋ぐ媒介。
私はその案内役です

文＝田村十七男　Text:Tamura Tonao
写真＝六本木泰彦　Photo:Yasuhiko Roppongi

ロッテ クールミントガム ／ ロッテ

1994年の「ロッテ・クールミントガム」は、ほぼ35年変わらなかったパッケージのデザインリニューアルだったこともあり、よりシンプルさを追求したという。「2匹目のペンギン」は、口コミで有名に

Profile
さとう・たく

1959年東京生まれ。1981年に東京芸術大学大学院修了後、電通に入社。その後独立して、1984年、佐藤卓デザイン事務所を設立。「ピュアモルト」の商品開発を皮切りに、アートディレクターの枠を越えた仕事を展開。「デザインの解剖」シリーズの展覧会や著書も多数ある

佐藤卓氏、実はサーファーなのである。誰もがテクニカルなショートボードに乗っていた頃から、ロングボードを好んでいたというから、キャリアも長い。

「あまのじゃくなんですよ（笑）。流行る前に手をつけたいし、流行った後にはやりたくないタイプなんです」

サーフィンの話から始めたのには、理由がある。波乗りとデザインに対する佐藤氏の考え方には、同じ根から生えたと思えるフィロソフィーを感じるのだ。

「かつてデザインは、強い個性をもったデザイナーがすべての中心にいるものだといわれていました。デザイナーになるなら個性が必要だと、私も周囲の人からそういう指摘を受けました。でも本当にそうなんだろうかと、なんとなく違和感を覚えていたんです」

注目され続ける佐藤氏の仕事のひとつに、ニッカウヰスキー ピュアモルトのプランニングがある。これは、自身の事務所を開設した年の1984年に発表さ

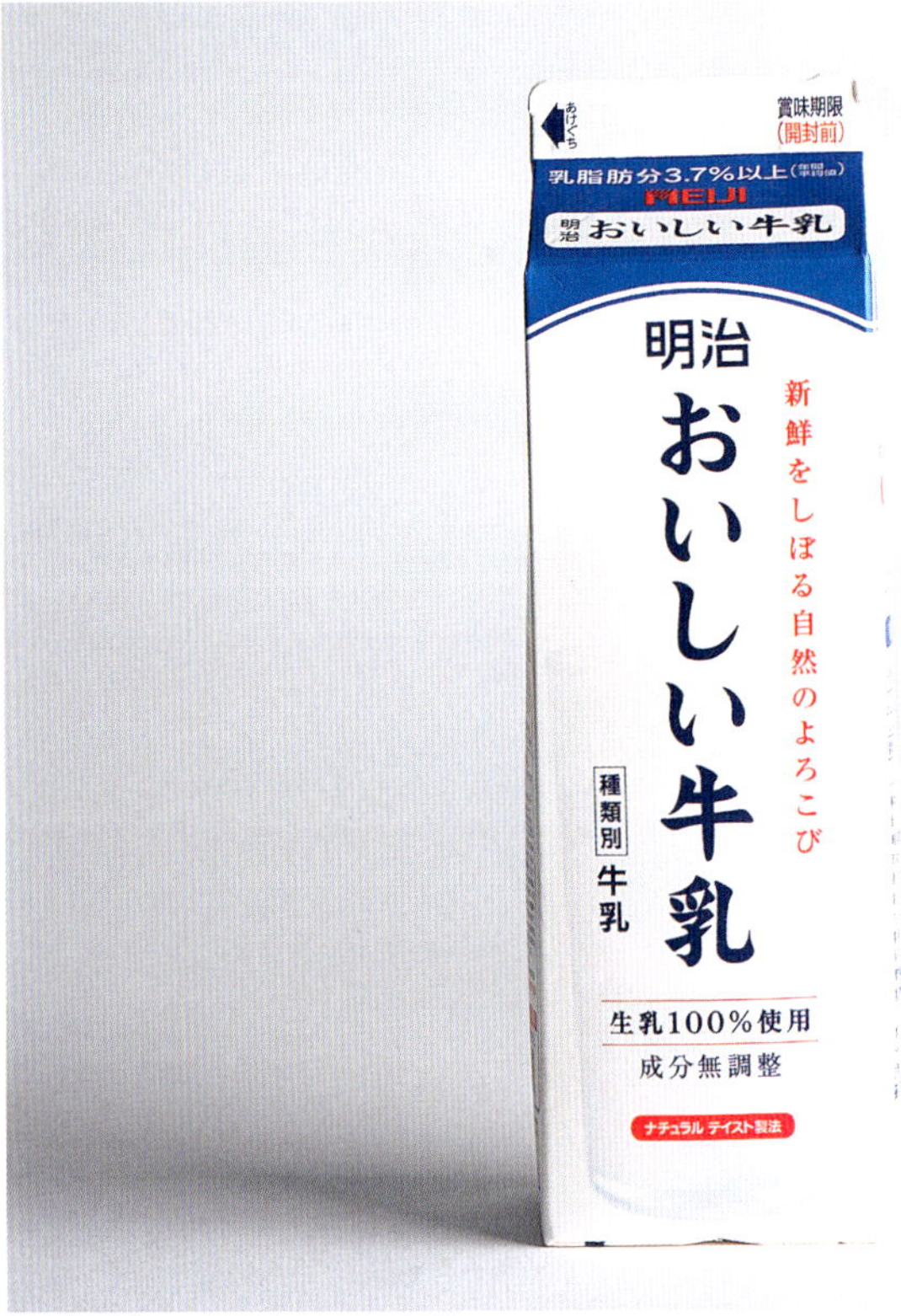

明治おいしい牛乳／明治乳業

2001年に発表された明治乳業の「明治おいしい牛乳」。1、遠くからでも目立つ（商品名と白と青の色）。2、近くによるとさらにわかる（コップに注いだ牛乳）。3、手に取るとより詳しく見える（文字情報）、という具合に、3段階の情報でデザイン要素のコントロールが試みられた

れたものだ。この商品開発に携わったことで、個性、ひいてはデザインの在り方に確信がもてたという。

「ウィスキーのボトルって、飲み終わった後はどうなるんだろうと考えてみたんです。捨てちゃうのはもったいないし、再利用を考える人も少なくないかもしれない。それなら、最初から強い個性をもっていないシンプルなボトルデザインがいいのではないか、ラベルもはがしやすくしてみようとか、普通の新製品ではあり得ないことを考えてみたんです。それがクライアントだけではなく、世間にも受け入れられた。一輪挿しにしてみたというエピソードが耳に入ってくると、商品が世に出てから以降の流れもすべてデザインなんだと思えたんです」

その試みについて佐藤氏は謙虚に話すが、結果のすべてを偶然に頼ったわけではない。「人って、情報をインプットしたら必ずアウトプットしたくなるでしょ。そこが非常に重要で、物が深く浸透するには、人から人への伝達が最も力を発揮するんです。それを誘発するには、単に強い個性があるよりシンプルな成り立ちをもったもののほうがいい」

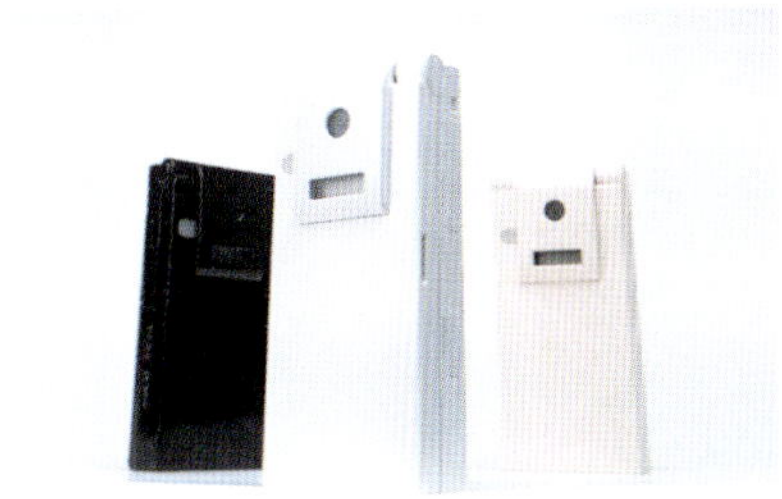

FOMA P701iD ／ NTTドコモ

2005年に発表された「FOMA P701iD」は、佐藤氏の意欲作。情報言語が入り組んでいた携帯電話を、まず整理。シンプルを信条としつつ、光と音のデザインにもアイデアを提供した。「初の試みは、常に安心できない状況の連続だった」と、当時を振り返る

ニッカウヰスキー ピュアモルト ／ ニッカ

1984年、佐藤氏が独立して最初に注目を集めたニッカウヰスキー「ピュアモルト」。プランニングとデザインを担当。再利用できるボトル等は宣伝されなかったが、消費者はその後を考えたそうだ

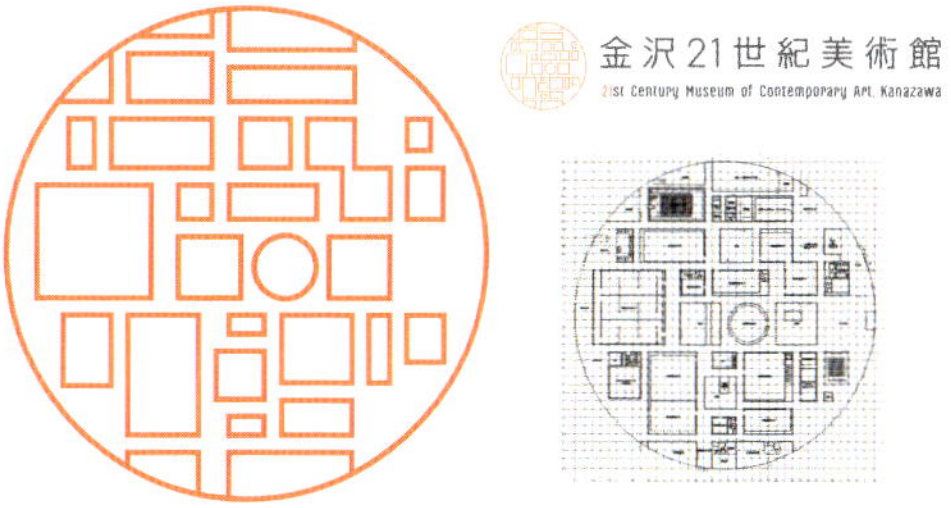

金沢21世紀美術館のロゴ

金沢21世紀美術館の依頼でデザインしたロゴマーク。美術館は、外に開かれていて、正面や裏側の区別がない。多様な使い方が可能な美術館ならではのコンセプトを汲み取って、それをもっとも顕著に表している建築俯瞰図をそのままモチーフとした。ロゴタイプはいずれもオリジナル書体。さまざまな使用環境で多くの発見がされることを想定して、デザインされている

1994年に発売されたロッテ クールミントガムでは、5匹並ぶペンギンの右から2番目だけが片手を挙げているというデザインが実施された。その情報は宣伝されなかったが、それがかえって話題となった。

「スタイルを決めているわけじゃありません。その都度適した方法を考えます。ただ、デザインというものは、社会と人、あるいは人と人を繋ぐ媒介だと思うんです。この社会は、素晴らしい人や出来事であふれている。その中のさまざまな事柄がもっている力をいかに引き出すか、いかに他者と結びつけるか。それを模索する案内役になれたらいいなと思っているんですよ」

佐藤さんは懇切丁寧に、温かみをもって話してくれる。それにしても控えめなのだ。その謙虚さはどこから来るのか尋ねてみた。

「ここでサーフィンと言えば、オチとしては、ね（笑）。でも、海に入ると波をねじ伏せてやろうなんて考えはあっという間に消えて、いかに自分が無力か、常に痛感するものです。そんな身体感覚がこの仕事にも生きているのかな」

Art director Interview

4.

佐藤直樹

Naoki Satoh
ASYL

ファンタジスタになって、これからはデザインの新領域へ…

『NEUT.(ニュート)』

デザイナー自身の企画・編集・制作によって、2001年に創刊した世界流通のグラフィックメディア「NEUT.(ニュート)」。出版物として以外にも、イベントやエキシビションとして展開。次回のテーマは“ファッション”だとか

文＝河村美智香　text:Michika Kawamura
写真＝落合明人　photo:Akito Ochiai

話題の大判グラフィック誌や斬新なタバコのパッケージ、さらに、音楽・映画・ファッションなどへと活躍の場を広げ、エディトリアルの枠を越えた作品を生み出していくASYL。代表の佐藤直樹氏に、その飛躍ぶりについて聞いてみた。
「僕個人で完結する仕事はありません。戦略を立てて采配を振るい、ときには選手としても出場する……。僕はプレイング・マネージャーですね。お手本はサッカーのブラジル代表。個人プレーも際立っていながら、高いレベルでチームとして機能したいんです」
スタッフ一人ひとりが、ファンタジスタとしてプレーできる体制が整ってきたからこそ、今後は〝もっと面白いことができるのでは〟と、デザインの可能性を模索している。そのひとつとして挙げられたのが、CET（Central East Tokyo）だ。ジャンルを越えた人々が集まり、東京の東側（神田や馬喰町、八丁堀周辺など）の価値を再発見しながら活性化し、

Profile
さとう・なおき

1961年東京生まれ。『WIRED 日本版』のアートディレクターとして創刊から参加。その後、ASYL DESIGN、ASYL CRACKを設立。イベントのトータルディレクションに始まり、多種多様な業界と関わりをもちながら、ジャンルに縛られないデザインワークを行なっている

『DAZED & CONFUSED JAPAN』

2002年に日本版が創刊した、UK発のカルチャー誌『DAZED & CONFUSED（デイズド・アンド・コンフューズド）』。2005年7月のリニューアルに伴い、アートディレクターに就任

『ART iT』

日本とアジアのコンテンポラリーアートシーンのニュースを日英バイリンガルで発信する季刊誌『ART iT(アートイット)』。創刊からアートディレクションを担当。アメリカ、カナダなど海外でも流通している

この区域で継続的な活動をしようと始められたプロジェクトで、佐藤氏はプロデューサーを務めている。

「いま、人が集まる中心地は、新宿や渋谷、原宿のある東京の西側ですが、かつては東側でした。そこでは、モノをつくり、工夫して商いをする文化がありました。僕は1990年代後半から『NEUT.』を通じて、グラフィックでもアートでも、ジャンルを越えて発表できる場をつくってきました。そういうことが、街という大きなフィールドでできないかと思ったのです。東京で足りないものをできるだけトータルな形、つまり街を再生することでつくり出し、文化を生み出していく。そういうことをしてみたいですね」

デザインが生かされる新たな領域へと進出していくASYL。その領域はまだまだ拡大しそうだ。

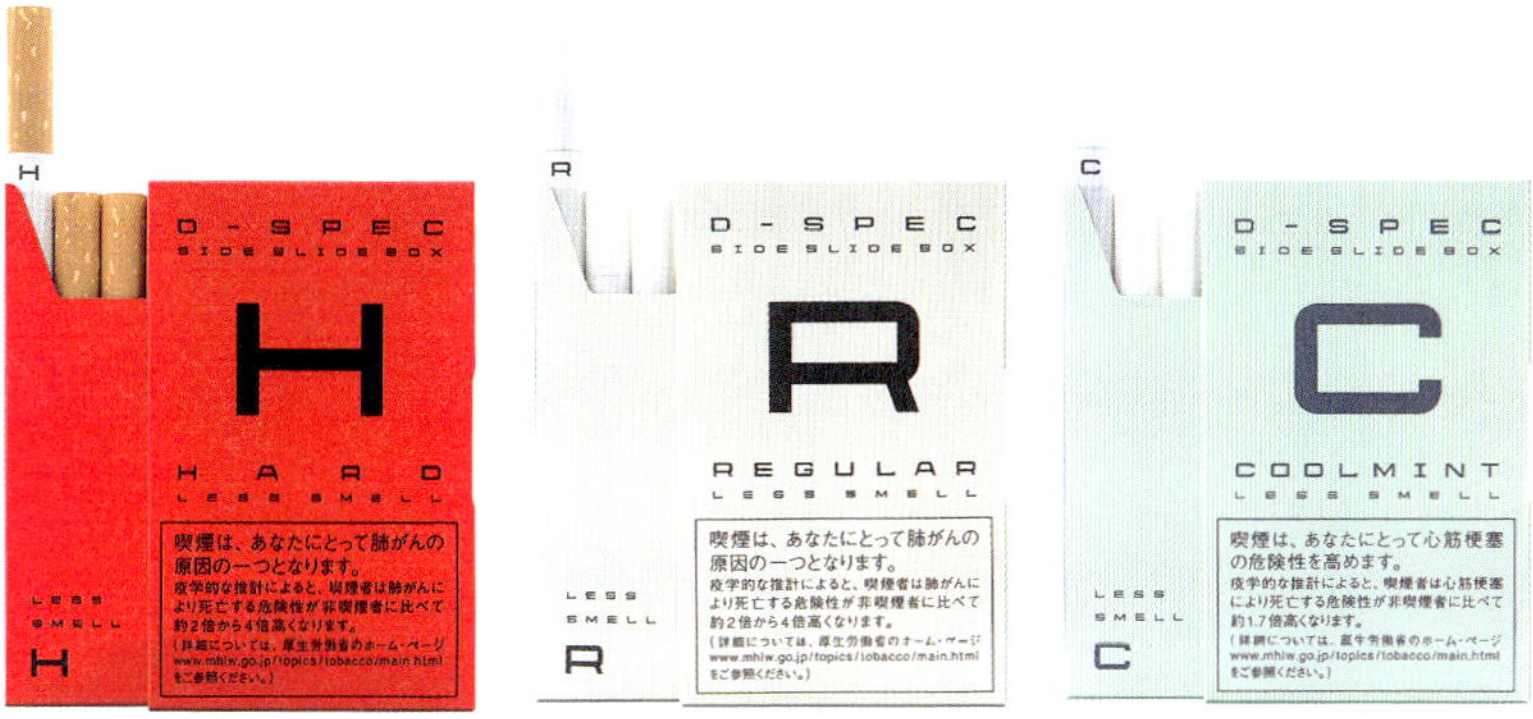

D-SPEC H/R/C SIDE SLIDE BOX

2003年「ALPHABET」銘柄で発売。サイドスライドボックスを国内初採用し、喫味をアルファベット1文字で表現。2007年リニューアルし「D-SPEC」に。HはHard（重厚）、RはRegular（標準）、CはCoolmint（メンソールの爽快な味わい）

CET（Central East Tokyo）

空洞化する東京の東側で、街を再発見し創生しようというプロジェクト。古い倉庫が設計事務所やカフェ、カメラマンのスタジオ兼住居として生まれ変わる様子がわかる。佐藤氏は、CETプロデューサーとして活躍。「東京の地図を書き換えていきたいですね」

Art director Interview

5.

新村則人

Norito Shinmura

故郷の島が、
常にデザイン鮮度を与えてくれる

文＝嘉藤笑子　text:Emiko Katoh
写真＝工藤裕之　photo:Hiroyuki Kudoh

『野性時代』／角川書店

2003年に再刊した野性時代のロゴとカバーデザインを担当。ロゴは「ヤ」をデザイン化したもの

誰よりも自然観あふれるデザインを手掛ける新村則人氏は、好きなことをやっているときっぱり言う。出身地である瀬戸内海の浮島が、彼のデザインの源泉だ。「周囲8㎞で、たった220人の住民。喫茶店も病院もないんですよ」と、故郷のことを話すときの新村氏は、満面の笑顔で楽しそうだ。実家は漁師で長兄が引き継いでいる。毎年、実家の「新村水産」のためにオリジナル・ポスターを手掛けている。それは、たった一軒の店頭に飾られるためにある贅沢なものだ。この仕事に、彼は誠心誠意のアイデアを盛り込んでいく。漁業の素晴らしさ、魚介類の美しさ、生命のサイクルをも含んだ大胆な発想を巧みに組み込んでいき、画面から海風が吹いてくるような作品を創り上げる。

「海の魚は森に育てられる」という作品で毎日広告デザイン賞の最高賞を受賞し、地元の漁業連盟からポスターを依頼された。新村氏は、島の自然や漁場を守るた

Profile
しんむら・のりと

1960年山口生まれ。大阪デザイナー学院卒業後、関西のデザイン事務所に勤めるが、松永真デザイン事務所に採用されて拠点を東京に移す。1995年に独立し、(株) 新村デザイン事務所を設立。国内外の有名な広告賞を受賞。故郷の浮島には、必ず年2回は帰郷している島男である

無印キャンプ場2005（葉拓）／株式会社良品計画

まったくボディコピーがない「無印良品キャンプ場」。植物の拓本でつくる最もシンプルなデザイン。事務所に飾っている作品

網／新村水産

実家の「新村水産」ポスター。新鮮な魚介類や漁師たちが登場し、必ず瀬戸内海の浮島が舞台になる。海の美しさがまぶしい

グリーンスマイル

新村さんが愛用している時計は、文字盤にキャラクター「グリーンスマイル」の顔が描かれている。「グリーンスマイル」の口の部分の葉っぱが、全て異なる種類というこだわり。無印良品キャンプ場のキャラクターにも使われている

さびない、ひと。／ 資生堂

小泉今日子をモデルに「さびない、ひと。」というコピーが誰でも印象に残った資生堂化粧品の広告。「肌の酸化を守る」というクライアントの意図を簡潔ながら力強いイメージで見事に伝えている 。画面から鮮度の高い豊潤さが感じられる

めには、森から海へ廻る循環システムを正常にすることが必要であることを知っていた。洗剤の泡にまみれたウニやシャンプーのキャップを貝殻のように住まうヤドカリ。小さな生き物たちから、海の環境を取り戻せという暗黙のメッセージが伝わってくる。それらは、洗練されたレイアウトと演出された写真で、しっかりと胸に刻むように創られている。

だからこそ、資生堂「さびないひと」や「無印良品キャンプ場」は、彼にとっては等身大のアプローチなのだ。彼のデザインは、徹底的にシンプルにしたボディコピーとインパクトのある写真である。つまり、簡潔ながら強いイメージを伝えるために要らないものは排除される。この人は、都会のなかでも自然に葉っぱを見つけてしまう人。ポスターで森林浴ができてしまう、そんな酸素たっぷりのデザインを創るひとだ。

Art director Interview

6.

TYCOON GRAPHICS

タイクーングラフィックス

ポジティブなデザイン表現で生活を楽しくしたい

文＝室田美々　text:Mimi Murota
写真＝桑山章　photo:Akira Kuwayama

amadana Catalogue 2007 / REALFLEET

amadana商品カタログのデザインを担当。このビジュアルは、amadanaの家電以外の骨董品も配置して調和をとり、「美しいカデン」というブランドコンセプトを体現した

中島美嘉、テイ・トウワ、パフィーのCDジャケット、そして、表参道ヒルズのロゴデザイン……。『タイクーングラフィックス』という名前は知らずとも、おそらく多くの人が彼らの作品を目にしたことがあるだろう。『タイクーングラフィックス』は、1991年に宮師雄一氏と鈴木直之氏によって設立されたデザイン事務所。「もともと仕事仲間のカメラマンを通しての知り合いで、お互い同時期にニューヨークに渡った後、一緒に仕事をすることに。もう15年以上の付き合いになるね」と鈴木氏。設立当初より音楽関係の仕事が多いというふたり。SPEEDに関してはデビューから解散までのジャケットデザインを全て手掛けたことも。最近は昨年デビューした「AYUSE KOZUE」のアートディレクションを広い範囲にわたり行っている。「一人のアーティストに長く関わることが多く、その才能に惚れ込み、近くで成長を見つめていけるのがうれしい。音楽関係での僕ら

Profile

タイクーングラフィックス

1991年、鈴木直之（上）と宮師雄一（下）との二人によりタイクーングラフィックスを設立。音楽・ファッション・コスメティックを中心に、広告、CI、パッケージデザイン、エディトリアルのアートディレクション及びグラフィックデザインを行っている。また、ブランディングや建築関連のグラフィック、映像ディレクションなど多岐にわたる活動をしている

の仕事は、アーティスト像をアートワークを通して明確にすること。曲の想いなり、彼らの想いなりをビジュアルでどう伝えていけるかを常に考えますね」と宮師氏。仕事ではお互いが得意なものを担当するという二人が、デザインをする上でのこだわりを伺ってみた。

「デザインは普段の生活を楽しくするもの。デザインを通して気持ちよくなったり、楽しくなってくれるのが願い。みんなが楽しくなるようポジティブなデザイン表現で世の中に貢献できたらいいですね」と鈴木氏。今後はプロダクト作品にも挑戦したいというふたり。タイクーングラフィックスが生み出すプロダクトデザインとはどんなものか。今後も彼らの動きに目が離せなくなりそうだ。

1

2

3

4

5

1. 中島美嘉「YES」/ALBUM/Sony Music Associated Records Inc.
2. ブンブンサテライツ「ON」/ALBUM/Sony Music Records Inc.
3. TOWA TEI「FUTURE LISTENING!」/ALBUM/hug Columbia
4. PUFFY「HIT&FUN」/ALBUM/Ki/oon Records Inc.
5. 鮎瀬梢左から「boy friend」「Pretty Good」「君の優しさ」「eyes to eyes」/SINGLE/TOY'S FACTORY

CDジャケットの仕事では、ニューヨーク時代からの付き合いであるTOWA TEIをはじめ、オレンジレンジ、中島美嘉などアーティストのデビュー作から手掛けているものも多い

OMOTE
SANDO
HILLS

OMOTE
SANDO
HILLS

表参道
ヒルズ

OMOTE
SANDO
HILLS

表参道
ヒルズ

OMOTESANDO HILLS

表参道ヒルズ

OMOTESANDO HILLS ／
MORI BUILDING CO., LTD.

鈴木氏が担当した「表参道ヒルズ」のロゴデザイン。明治神宮の大鳥居や建築コンセプトの象徴である建物内部のスパイラルスロープをイメージし、表参道の「参」を「O（オー）」で囲んだ

Art director Interview

7.

TUGBOAT

タグボート／川口清勝

使い捨てのデザインじゃなく、継承されていくデザインを目指して

文＝浜堀晴子　text:Haruko Hamahori
写真＝落合明人　photo:Akito Ochiai

ライフカード ポスター ／ ライフ

テレビCMの続きはWebサイトで公開。主演のオダギリジョーさんが局面に立たされたときに選ぶ人生のカードと、クレジットカードをなぞらえた、スピード感と軽妙さを併せもつCM

1999年の独立以来、日本初のクリエイティブ・エージェンシーとして走り続けるTUGBOAT。広告界のトップクリエーター4人を中心とした活動で、テレビCM、ポスター、店舗デザイン、映画や作詞、パッケージデザインと、枚挙にいとまがない。

「役割分担は特にありません。クライアントとの打ち合わせにも4人一緒で、いいアイデアを出した人が中心人物になる。職場というより部室のようなノリ。一人では面白くないし、結局みんな寂しがりなんです（笑）」

TUGBOATで行う広告以外の仕事、たとえばパッケージデザインなどは、ロイヤリティー制を基本としている。この仕組みは、対価が売り上げに大きく影響するので、ヒットすれば大きいけれど、伸びなければ徒労に終わることもある。

「海外のデザインのほとんどがロイヤリティー制なのに、日本にはその発想がまだない。社会の仕組みに関わるから、す

Profile

かわぐち・せいじょ

1962年東京生まれ。1985年に多摩美術大学美術学部卒業後、電通に入社。14年間務めた後、1999年、同僚3人とクリエイティブ・エージェンシーTUGBOATを設立。TUGBOAT唯一のアートディレクターとして、多方面で活躍。話題作、ヒット作は多数。1999年から3年連続でADC賞を受賞

JR 東日本 大人の休日倶楽部 ／ JR 東日本

50歳以上の列車運賃がお得というキャンペーンCM。川口氏はアートディレクションとポスター製作を手掛けており、映画のワンシーンのようなCMの映像美を、ポスターの中でも忠実に再現させて連動している

ぐには変らないけれど、PRする商品がいいもので、自分のデザインに自信があるのなら、ロイヤリティー制にするべきだと思うんです」

その根底には、日本国内のデザインに対する危惧感と、将来を見据えた展望が内在する。

「デザインには大きくふたつの方向性があって、継承するデザインでイメージを構築するか、瞬発力でその時期だけの話題作になるか。日本のデザインは後者の使い捨てがほとんど。それに僕は、デザインはコミュニケーションの本質だと思っています。色や形などの視覚や感覚だけじゃなく、会社の仕組みを変えたり、広告費を見直すこともすべてデザイン。最終的に形になったモノだけをデザインと呼ぶと、日本のデザインはなかなか発展しない。デザインを必要とするすべての人たちのために、デザインする場、チャンスをつくりたい。机の上じゃデザインは解決しないからね」

MAG-LITE ポスター ／ 三井物産

静謐な世界にふっと灯る光。言葉を使わずプロダクト機能を強調した詩情豊かな広告。このコンセプトは、継承されてビジュアルは変わっても、この寡黙な佇まいは変らない。10年続く広告の説得力に脱帽。2006年東京ADCグランプリ受賞

Art director Interview

8.

水野学

Manabu Mizuno
good design company

デザインの答えは
いつも頭の中に用意されています

文＝室田美々　text:Mimi Murota
写真＝工藤裕之　photo:Hiroyuki Kudo

NTT DoCoMo
「iD」ポスター

水野氏がクリエイティブディレクターとしてネーミングからポスターデザイン、紙袋まで全てに関わってブランディング。左ふたつは、2007年4月のキャンペーン。加盟店のメインビジュアルを生かし万国旗のように展開

金のバックカラーに白抜きのロゴ。シンプルすぎるほどに情報がそぎ落とされたNTTドコモ「iD」のポスター。水野学さんの広告には目にした瞬間から心を惹き付けて離さない、そんな力がある。そのデザインのアイデアはどのように生まれるのか？

「僕の頭の中には引き出しがたくさんあって、そこには空が青いから青がキレイとか、そういう当たり前のことももちろん入っているのですが。企画を頂いた瞬間、その引き出しがぱっと開いて、50個くらいアイデアが浮かぶ。その時点でこれかなって答えも絞れてるんです」

だから、打ち合わせでは答え合わせする感じと水野氏。この『iD』の場合も最初に金色、信頼、シンプルがロジカルに頭に浮かんだ。他にもあったが企画が進んで消していったら、やはり正解だったという。恐るべし才能だ。

現在、水野氏が仕事のうえで意識していることは「手掛けたデザインや広告が

Profile

みずの・まなぶ

1972年東京生まれ、茅ヶ崎育ち。1996年多摩美術大学卒業後、パブロプロダクション、ドラフトを経てgood design company を設立。主な仕事は三井住友不動産「芝浦アイランド」など。現在、NTTドコモ「iD」のブランディングを手掛ける。主な受賞に2006年One Show GOLD賞ほか

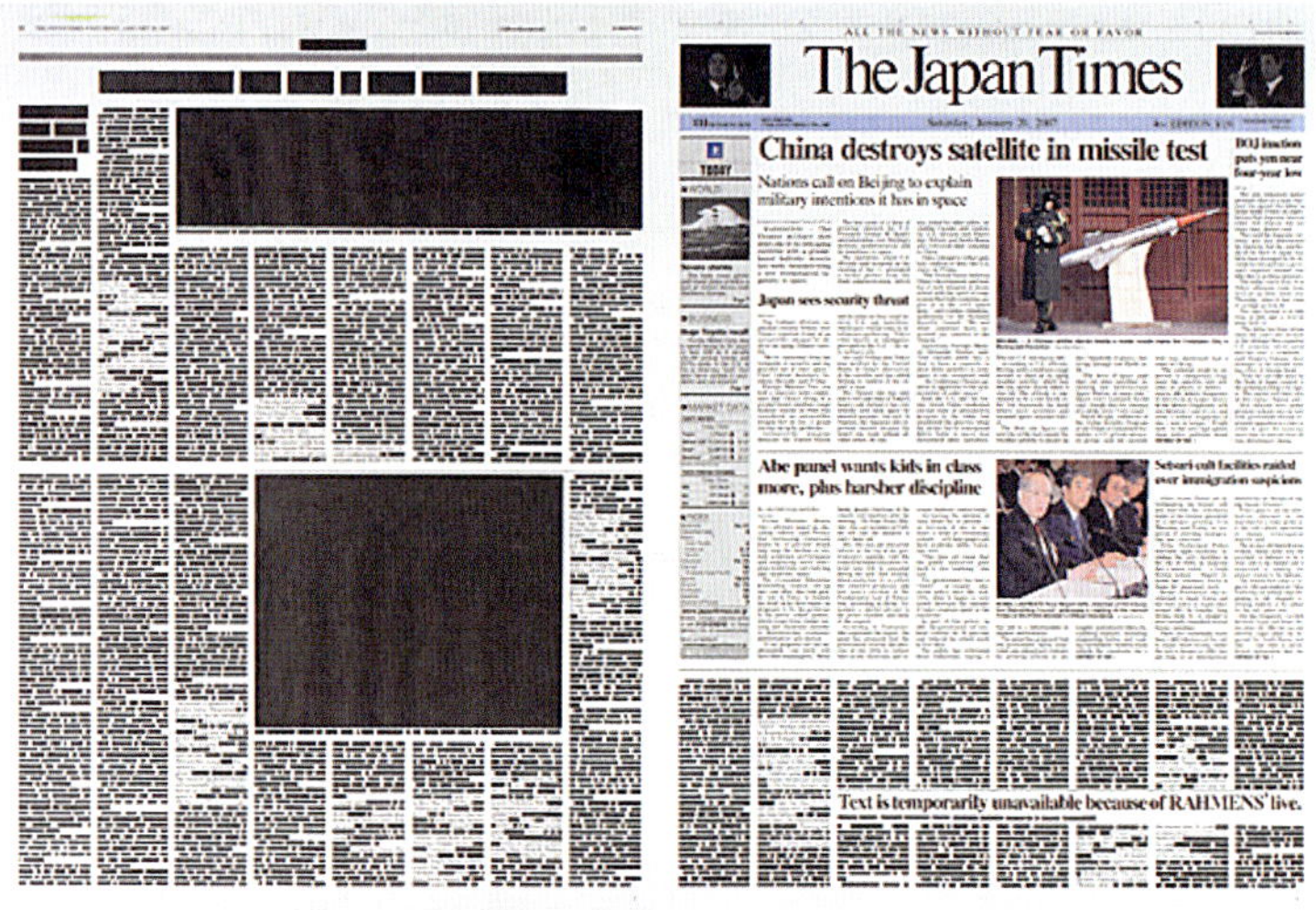

ラーメンズ公演「text」
新聞広告

水野氏と長い付き合いのラーメンズの新聞広告。公演告知ではなく、ラーメンズのパフォーマンスでありブランド広告と位置づけた。新聞から切り取られた文字（text）はフライヤーやグッズに使われるというストーリーになっている

人の目に触れたとき、世の中がどう動くかを考える」こと。デザインはひとつの情報を多くの人と共有することができる。だからこそ、そこにある可能性と責任を意識しながら、コンセプト作りを行うことが大切だと考える。

「さらに僕の場合、クライアントが収める税金額がいくら上がったか、その税金がどういうことに使われるのか、その企業の売り上げが伸びることによって社員の家族がどうなるか、そこまで考えます」

ビジュアルをつくるだけではなく、デザインを通して人の幸せや社会までもディレクションすること。それが水野氏の考えるアートディレクターの姿なのかもしれない。今後はさらに質の高い仕事を増やし、そのうえで社員の年収を上げてあげたいとか。

「社員が幸せじゃないと僕も幸せじゃない。そういう意味では世の中全員が幸せになるまでこの仕事は続くのかなと思いますね」

KIRIN903　ポスター

2004年に発売され話題を呼んだスポーツ飲料「KIRIN903」。商品コンセプト、企画・商品開発、広告展開までを担当した。ポスターもパッケージのデザインイメージに合わせて黒と白の2色のみでデザインされている

ル・コルビュジェ展／森美術館

2007年5月〜9月まで森美術館で開催される「ル・コルビュジエ展」のポスター。コルビュジェの建築の特徴を平面で表現したビジュアル

東京カレーラボ

東京タワーにできたカレーショップ。構成作家の小山薫堂氏プロデュース、インテリアデザインを片山正通氏が手掛けた。メニュー開発は東京カリ〜番長の水野仁輔氏で、水野氏はアートディレクションを担当

Art director Interview

9.

寄藤文平

Bunpei Yorifuji
文平銀座

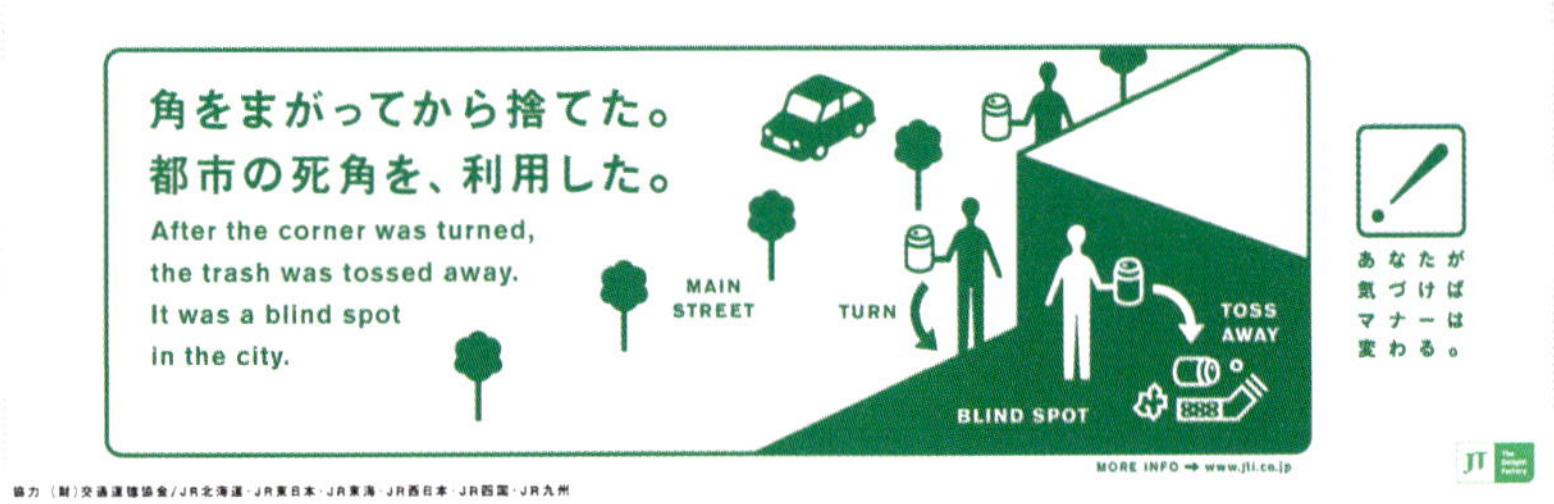

すでにあるものよりも、ないものをつくりたい

文＝室田美々　text:Mimi Murota
写真＝工藤裕之　photo:Hiroyuki Kudo

JT マナー広告 中吊り

JTの喫煙のマナーを紹介する広告シリーズ。イラストではなくピクトグラムを採用し、グリーンとホワイトの2カラーですっきりとまとめたシンプルなデザインに

Profile
よりふじ・ぶんぺい

1973年長野生まれ。武蔵野美術大学造形学部視覚伝達デザイン学科中退。2000年に文平銀座設立。イラストレーションとグラフィックデザインを中心に広告のアートディレクション、企業や番組のロゴデザインなどを手掛ける。自著に『死にカタログ』（大和書房）ほか

アートディレクター、イラストレーターとして広告のアートディレクションや企業のロゴデザイン、書籍の装丁などさまざまなジャンルで活躍中の寄藤文平氏。20代前半から大手広告代理店で広告制作に携わってきたが、彼の存在が世に広く知られるきっかけとなった仕事といえば、JTの「大人たばこ養成講座」だろう。きっと電車の中で一度は目にし、見入ってしまった人も多いはず。あの緻密で独特なタッチ、そして、ふっと肩の力が抜けるようなユーモアセンスはどこから生まれてくるのか。

「僕、エンターテイメントがないと嫌で、真面目にやったらちょっとこけたいというか（笑）、そういうのが全体を通してあるので、絵にもそれが出てるのかもしれませんね。絵は広告代理店の仕事をしていたときにプレゼン用に図のようなわかりやすい絵を描く機会が多かったんです。いま描いてる絵は僕的にはそれと同じ感覚。わかりにくいことは自分なりに

『地震イツモノート』

阪神・淡路大震災の被災者167人にきいたキモチの防災マニュアル。「モシモ」ではなく「イツモ」という発想で地震との向き合い方を提案する一冊。木楽舎発行

『死にカタログ』

資料やデータを基に、2年の歳月をかけてさまざまな角度から「死」をユニークに描いた自著としては2冊目となる書籍。イラスト、文章、デザイン、装丁すべてを一人で手掛けた。大和書房発行

『ウンココロ』

回虫博士の藤田紘一郎氏と共著して初めて発行した「ウンコ」をテーマにした自著。寄藤氏の手に掛かると「ウンコ」もなぜだか可愛く見えてくるから不思議である。実業之日本社発行

たとえを考えて、わかりやすく絵に落とし込む作業をしています」

２００６年には自著2冊目となる『死にカタログ』を出版。企画、取材、執筆、イラスト、デザイン、装丁までをほぼ一人で手掛け、自分が一番やりたいことができたと寄藤氏。

「書籍や装丁の仕事は人にじっくり手に取って見てもらえるから、広告の仕事の次に好きですね。僕はすでにあるものをつくるよりも、ないものをつくりたい気持ちの方が強い。本当は知りたいけど、知る言葉を誰も見つけられていないとか、そういう概念みたいなものをモチーフにした本をつくりたいですね」

次は誰もがこっそり持っている『マイワールド』の本を構想中とか。それにしてもマイワールドとは面白い。そんな独特な視点が吸引力の高いデザインを生む秘密なのかと、納得させられた。

『ナガオカケンメイの考え』

ショップD & DEPARTMENTなど「ロングライフデザイン」をキーワードにした活動を行うナガオカケンメイ氏がブログでつづった日記をまとめた書籍。アスペクト発行

『JT大人たばこ養成講座』

15コマのイラストを並べ、喫煙のマナーを紹介するJTの広告シリーズ。「毎回、コピーライターの岡本欣也氏と一緒にテーマを決めて考えています」と寄藤氏。現在、2冊が書籍になっている

TOKYO HEARTポスター

「東京に暮らす人々のハートをつないでいく」というテーマで展開中の東京メトロのキャンペーン。ハートが描かれた荷札が全体のキービジュアルになっている

3

Art Director's Desktop goods

アートディレクターのデスクトップのお気に入りアイテム

多忙を極めるアートディレクターたちの
デスクまわりを心地の良い空間にしてくれる
使ったり、眺められる、お気に入りの
机上アイテムをご紹介します。

目黒の自然教育園で見つけた松ぼっくり ／ 新村則人

新村氏の事務所には植物がそこかしこに置いてある。さらにデスクには目黒の公園で拾ってきた松ぼっくりが。どこからでも芽を出す植物の生命力に驚いたという

rotring 600 0.5mmのシャーペン、TooのPM PAD、ねりけし ／ 佐藤卓

佐藤卓氏は手書きを大切にしている。電源を入れなくてもすぐに、自由な発想を形にできるからだ。シャーペンとレイアウトパッドとねりけし。この三点セットは欠かせない

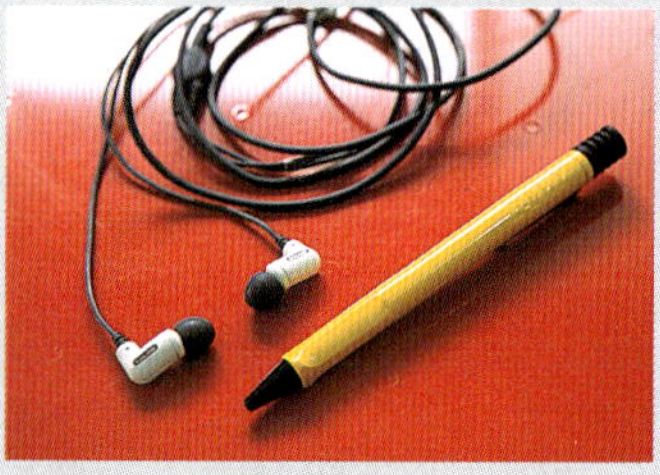

LAMYのボールペンとShureのヘッドホン ／ 伊藤弘（GROOVISIONS）

音楽関係の仕事が多いため、音楽を聴きながら仕事をすることも。そんなときに使うのが、お気に入りの「Shure」のヘッドホン。「LAMY」のボールペンは何年も愛用している

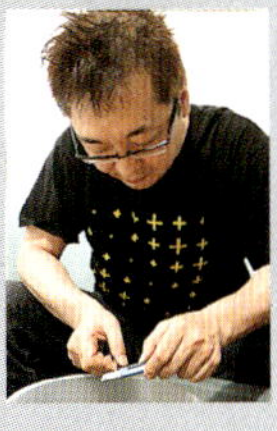

三菱鉛筆 ／
佐藤直樹（ASYL DESIGN）

芯を細く削りながら、「鉛筆じゃないとラフが描けない」という佐藤氏。鉛筆で書きながら説明していくと、「みんなが言葉を挟みやすくなる」のだとか

革のデスクマット ／
鈴木直之（TYCOON GRAPHICS）

パルス東京で購入した大きなデスクマットは、PCの下に敷いて使用。「最近購入した物ですが、だんだん味が出て良い感じに馴染んできています」

地球儀 ／
寄藤文平

このガラスの地球儀は、地球儀をコレクションしている寄藤氏に、3年ほど前に奥様がプレゼントしてくれたもの。「国の部分が磨りガラスになっているのが面白いでしょ」

PILOT G-3 GELぺんてるサインペン、A4コピー紙 ／
水野学（good design company）

打ち合わせのときに必ずセットで使うこの3点。紙はザラッとした感触のものを選ぶという。「主にサインペンは図、ペンは文字用に使い分けてます」

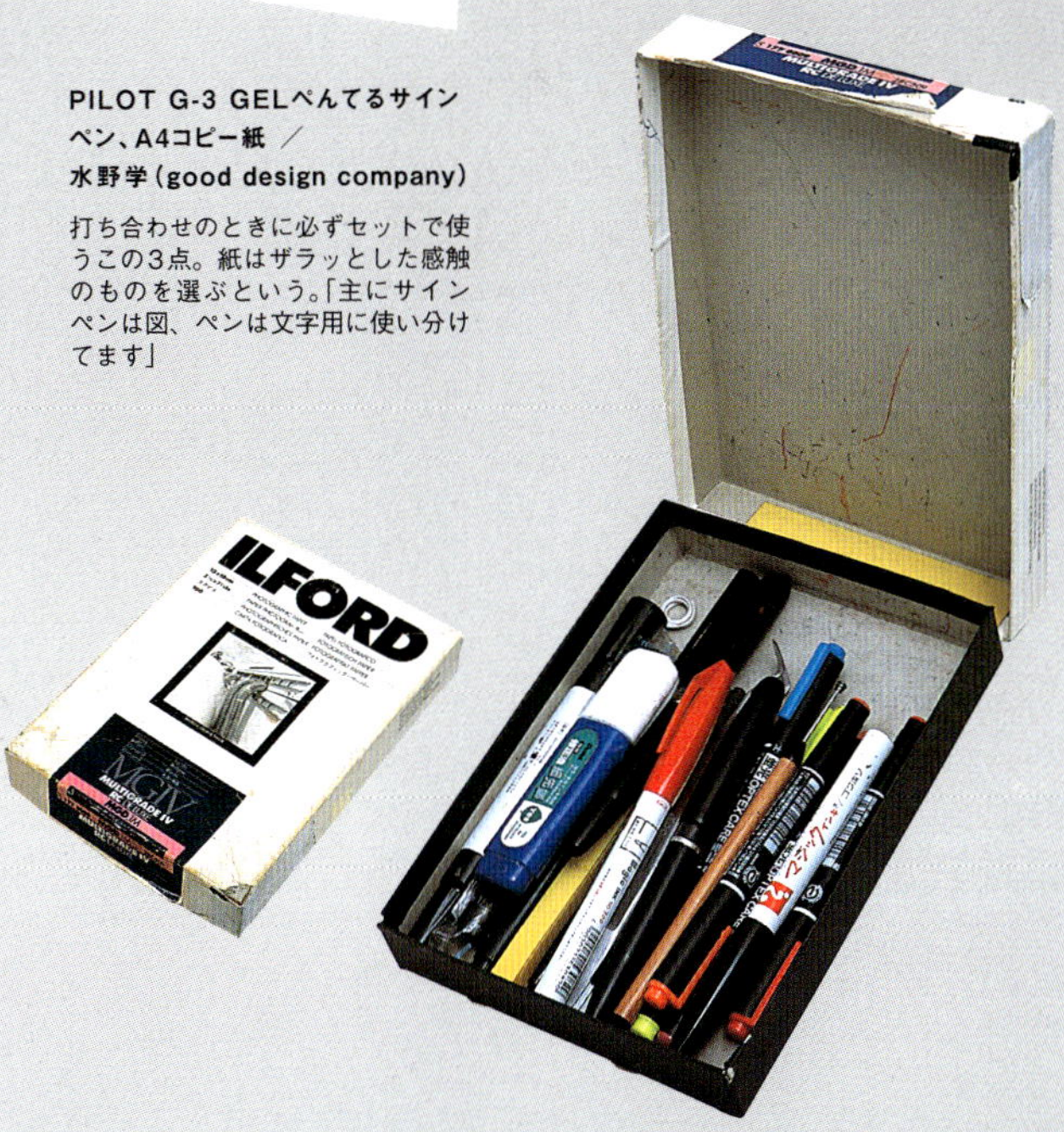

ILFORDの箱 ／
尾原史和（soup design）

もともとは印画紙の箱。5、6年前、カメラマンが写真の納品に使ったことで尾原氏の手元に届いた。「ペン立てが好きじゃなくて。このサイズが丁度いいかなと」

ながおか・けんめい

1965年北海道生まれ。1990年日本デザインセンターに入社。'91年原デザイン研究所設立に参加。2000年よりD&DEPARTMENT PROJECTを開始する。「ロングライフデザイン」をテーマに店舗、展覧会、書物など多方面で活動中。
http://www.d-department.jp/

デザイン活動の仕掛け人

3

Kenmei Nagaoka

ナガオカケンメイ

―

ものをつくらずに、
新しい価値をつくること

文＝大野麻里　text:Mari Ohno
写真＝村山玄子　photo:Hiroko Murayama

―

D&DEPARTMENT

ナガオカ氏がオーナーを務め、活動報告の場ともいえるショップ「D&DEPARTMENT」の店内。中古・復刻家具のほかに、懐かしいデザインの生活用品や業務用製品が並ぶ

3

Kenmei Nagaoka
ナガオカケンメイ

カリモク60

ホウトク60

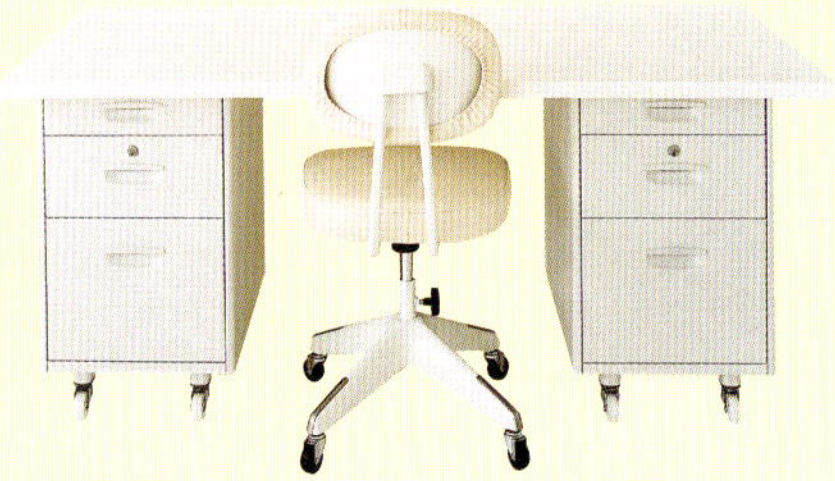

イトーキ60

60VISIONの人気家具シリーズ。現在60VISIONに参加している企業は計10社。「復刻した商品はどれも、その企業の創業原点となるデザインばかりです」とナガオカ氏

「D&DEPARTMENT PROJECT」。

これはナガオカケンメイ氏が取り組んでいる、デザインの見直しを考えていくプロジェクトのこと。グッドデザインのリサイクル販売「USED G」や、'60年代の国産工業デザインを復刻させる「60VISION」など、市場から消えつつあるグッドデザインを再び流通させる活動を中心に行っている。「'60年代はデザインで生活をよくしていこうという運動が、世界中で起きた時代です。当時の企業にはこういうものをつくりたいという意志があり個性がありました。いまはモノが溢れ、時代にヒットするものしかつくらない企業がほとんどです」

流行だけで次々と終わっていくデザインの存在を知ったナガオカ氏は、〝新しくデザインしないデザイナーの仕事〟の必要性に気づく。「企業の創業者や先駆者であったクリエイターから生の声を聞ける貴重な時代は、残り少ないと思います。誰かがそれを継承していかないとね」

自分に与えられた使命のように、ひとつひとつ丁寧にその方法を探してきたナ

VISION'D VOICEでは吉岡徳仁氏を始め、世界的に活躍するデザイナーのインタビューを収録

60VISIONではキッチン雑貨も展開。色鮮やかなグラスは「アデリア60」のもの

マリオ・ベリーニがデザインした象印のポットはUSED Gの定番人気商品

ガオカ氏。商売的な濁りが一切なく、純粋に日本のデザインの現状と向き合ってきた彼の仕事は、誠実で無理がない。

現在ではクリエイターの肉声を収めたCD「VISION'D VOICE」や、自身でも取材・執筆している冊子「dlong life design」など、抱えているプロジェクトは多数。今後も展開していくその活動に、目が離せない。

hop owner

1.Yutaka Kimura / 2.Takaaki Kosaka /
3.Hitoshi Saeki / 4.Masataka Tanaka /
5.Shinichiro Nakahara / 6.Shinichi Higashi /
7.Masaki Yokokawa / 8.Ryutaro Yoshida

Interior S
Interview

身近なアンテナショップとして存在する、
街のインテリアショップ

常に洗練された商品や情報を発信し続け、私たちの一番身近なデザインにおける街のアンテナショップとして存在す、街のインテリアショップのキーパーソンをご紹介。

1〜8

COMPLEX
コンプレックス

× 木村ユタカ

23歳からアンティーク家具の修理を手掛ける木村氏は、家具に関するふたつのことに気付いたという。「ひとつは、昔の家具を再生しようと図面におこしてみても、そこには書き表わしきれない、職人の技術や組み立てのプロセスなどがあるということ。もうひとつは、最近の日本の家具の多くは、家具を知らない人がつくっているということです」。古くから受け継がれてきた上質な家具に触れ、自らもアンティークの要素を取り込んだオリジナル家具を制作販売しているだけに、"受け継がれる良きデザインの再生"には、並々ならぬ情熱が注がれた。その集大成ともいえるのが、復刻版として蘇った米国ダンバー社のインテリアだ。パークハイアット東京41階のバー「ジランドール」でチェアが使われているのを知ってからというもの、1950年代米国で受注生産されていたこの高級家具を、なんとか蘇らせたいと東奔西走。ついに2006年より販売を開始した。「ダンバーは1991年に倒産しているんですが、偶然、米国でも復刻に燃えている人がいたんです。こんないくつもの偶然やご縁が重なって、永遠に受け継がれるモダンなデザインが復刻できたんです」。昔から愛されるデザインやそこに施された高度な技術を、現代に伝えるコンプレックス。"永遠のモダン"をこれからも追求していく。

フォルムは違っても、センスの良いデザインに注目。南平台のショップでは、フラワーアレンジメントを楽しむ感覚で、味わいの違う家具を組み合わせ、心地よい空間を演出している。2006年、念願だった米国の銘品DUNBARを復刻、販売を開始した

「永遠なるモダンデザイン」。……その復活を誓う

Profile

きむら・ゆたか

有名無名に関わらず、世界中のアンティークから優れたデザインのものをリプロダクションし、いまに蘇らせるインテリアショップ「COMPLEX」オーナー

MEISTER
マイスター
× 高坂孝明

「サンフランシスコには面白い音楽やアートがつくり出すエネルギーがあった。その中でいいモノをいろいろ見たことが今につながっています」

渡米したのは1984年。家具を扱い始めたのは、イームズを世界に知らしめ、世界一のディーラーといわれたマーク・マクドナルドとの出会いだった。

「当時はイームズのシェル・チェアなんてジャンクといわれ、評価されていなかった。そんなときにイームズについて勉強したのは彼の影響です。中でも印象的だったのが、『モノの背景を徹底的に調べなさい』という言葉。モノが生まれた時代やデザイナーの経歴などの関連性を検証することで、本当の意味でデザインを知ることができるということです」

1990年に帰国。ショップ「モダンエイジギャラリー」を立ち上げ、イームズをヒットさせた。そして1998年「マイスター」として目黒通りへ。考えたのは、日本の伝統技術を使った新しいモノづくりだった。

「イームズも伝統工芸も、表現方法が異なるだけで、どちらもモダンの範疇の中にある。根底にあるのは、形は用途による、という考え方。必要なものならば、形は用途によって自然と決まる。そんな機能美にあふれるものを、素晴らしい日本の伝統技術を使ってどんどんクリエイトしていきたいですね」

店舗はもともと酒屋だったという古い建物を改装してつくった。移転当時の目黒通りにインテリア・ショップはほとんどなかったという。店内には、ミッドセンチュリー家具や日本の伝統技術を用いてつくられた器、小物をディスプレイ

伝統技術の素晴らしさを発信していきたい

Profile

こうさか・たかあき

マイスター代表。1990年モダンエイジギャラリーを立ち上げ、1998年にマイスターをオープン。ミッドセンチュリーの家具と日本の伝統工芸の器を組み合わせた空間を展開

TRICO DESIGN LOVE!

トリコ デザアイン研究所

X 佐伯仁

「僕らの基本コンセプトは、“Enjoydesign the same as beer”。デザインをビールのように身近に、でもこだわりをもって楽しもう、ということなんです」

佐伯仁さんは、トリコデザアイン研究所と、TRICO INTERNATIONAL（トリコインターナショナル）を主宰している。トリコデザアイン研究所では、多岐にわたるデザイン活動を行い、トリコインターナショナルでは、デザイナーの発掘、紹介、作品の販売などを続けている。

彼の考えの基本は、「デザインの力で生活に潤いを与え、人を幸せにしたい」ということ。そのため、手がけるものは決して家具などのプロダクトにとどまらず、イベント・オーガナイズ、パブやカフェのプロデュース、そして集合住宅の総合デザイン監修に至るまで、実に幅広い。

「たとえば恋人とレストランに行ったとき。座る椅子や机の心地よさもあるけれど、流れる音楽、飲み物のおいしさは、それ以上に記憶にされますよね。

僕はデザインという言葉を広く解釈していて、ひとつの空間の中で出す料理、店員とお客さんのコミュニケーションまで、すべてがデザインだと思っています。目指すのは売るためのものではなく、“愛のある”デザインですね」

東京・東雲のショールーム “ma YwaY” やオンライン・ショップ（http://www.bytrico.com）では、椅子兼テーブルの “ZZZZITD-OBJECT ／ RICHARD HUTTEN”（右）や、電源を入れるとシェードが膨らむ照明 GLOBLOWLAMP HANGING ／ SNOWCRASH（左）を購入可能

デザインとは、人を取り囲む空間を構成するあらゆる要素

Profile

さえき・ひとし

トリコデザアイン研究所主宰。人々を取り巻く環境を整えるべく、プロダクト、インテリア、グラフィック、ファッションなど、様々なジャンルでデザインに取り組んでいる

pour annick × 田中雅貴

プールアニック

東京、大阪に計3店舗を構え、多彩な品揃えを誇るプール・アニック。代表の田中雅貴さんは語る。

「うちはまず、モノを安く売りたい。日本でモノが高いのは、メーカーからユーザーに渡るまでの流通過程に多くの人がぶら下がっているから。私たちはこれまでの流通を見なおし、また常時安定供給を放棄することによって大量販売、大量在庫といった中間コストを省き価格を抑えています。『ごめんなさい、売り切れちゃいました！』ということで安く販売できるんです」

店内には世界中からセレクトした家具が「ノミの市のようにディスプレイし、目の利く人が『あっ！』といって見つけられるように」という考えのもと、ランダムに並ぶ。“今が旬”のアイテムがそろう原宿店、大阪店に対し、目黒店で扱うのはユーズド。それは“モノの循環”を考えたからだった。

「家具は安ければいいのではなく、簡単に廃棄せず世代を超えて使っていくものだと思います。中古マーケットがあってその考えがヨーロッパで成り立っている。目黒店をユーズド専門にしたのは、中古市場の充実によって本当にいい家具が適正価格で流通してほしい思いから。安ければいいという大量消費の考え方は、こと家具には当てはまらないのではないでしょうか」

田中氏の確かな目でセレクトされたアイテムが並ぶ。「最も目が養われたのは、20代でミラノに駐在していたころ。イタリア以外にもルーマニアや旧東ドイツまで足を運び、もうすさまじい数のいいモノ、悪いモノを見てきましたから」

安くて本当にいい家具を、世代を超えて

Profile

たなか・まさたか

アニック アソシエイツ代表取締役。商社勤務、そしてミラノ駐在を経て1989年同社を設立。1994年に「pourannick」をオープン。現在は東京に2店舗、大阪に1店舗を構える

Play Mountain

プレイ マウンテン

× 中原慎一郎

中原慎一郎氏は、物のルーツに徹底してこだわる。それはネームバリューを重視するのでは、もちろんない。物に宿る精神性、そこから生み出される人間同士のコミュニケーション。どんなにスタイリッシュな形でも、人と人、人と物との間に物語が生まれないものは、彼のショップには並ばない。

独立したての2000年に「イームズ・デザイン」展、3年後に「民藝とランドスケーププロダクツの出会い」展、と2つの大きな展示に携わる。民藝の品々に備わる素直で、健康的な「自然の美」に特に魅せられ、物が生み出された過程や歴史的背景に踏み込むようになっていた。

千駄ヶ谷のショップ「プレイマウンテン」に並ぶ雑貨は、そのほとんどが作り手に会い、直接言葉をかわして選んだものだ。最近では「キャンプ」と称して商品をトラックに積み、プレイマウンテンオリジナル家具を卸す日本国内の販売店へ全国行脚。商品を運ぶだけでなく、店頭に立って販売もする。クリックひとつで物が届くこの時代に、フットワークがことのほか軽い。

「製品に対して僕らなりのルーツ、ストーリーを込めたいんです。セレクトする商品も作り手の人間性を含めて伝えたい。そういうことが他との差別化になりますし、僕らの商品を買いに来るお客様が望んでいるでしょうから」

オリジナル家具は中原氏の実家がある鹿児島の自社工場で制作。シェルフには世界各地から集めた製品が並ぶ。コンセプトは「MAN MADE OBJECTS」。人の手によって生み出された自然な美しさを持つ製品を中心にセレクト

僕らなりのルーツや物語を製品に込めたい

Profile

なかはら・しんいちろう

「ランドスケーププロダクツ」代表、インテリアショップ「マイスター」を経て「プレイマウンテン」開店。家具・雑貨のデザイン、店舗や住宅の設計、展示会の企画を手掛ける

collex
コレックス

X 東真一

代官山のインテリアショップで真っ先に名が挙がる「collex LIVING」。コレックスとは"コレクション"と"エキシビジョン"を意味する造語。

ディレクターの東氏は、コレックスをスタートさせたアパレルメーカー、アバハウスインターナショナルで学生時代から働いていた生え抜きの人材。

「アバハウスの洋服が好きで学生のときにアルバイトで働き始めました」

25歳のときに営業部へ、10年以上営業の仕事に携わった東氏は、もともとの雑貨好きも手伝って担当していた洋服を扱うショップでユーズドの椅子や企業モノのマグカップ、古いポスターなどを取り扱ったり、可愛いからという理由でチュッパチャプスを販売したことも。2001年からショップ展開をはじめたコレックスでは、東氏がその事業の中心的な役割を担う。

「インテリアの仕事として最初に行った出張先がストックホルムで、そのとき見たDavid designが一番好きなショップでした。その1年後に雑貨とDavid designを中心とした家具のセレクトショップcollex LIVINGのプランがスタートしたのです。決して特殊なものではなく、日常の中で機能性を持ち長く使えるデザインをセレクトし、展示イベントなどを通して新しいイメージの北欧スタイルも伝えていきたいですね」

旧山手通り沿いにあるインテリアショップ「collex LIVING」。以前は洋服のプレスルームとして使っていたスペースを改装した明るい店内には、David design などの北欧メーカーを中心にシンプルなインテリア雑貨が揃う

クリーンでシンプルなコレックスの北欧スタイルを伝えたい

Profile

ひがし・しんいち

19歳でアバハウスインターナショナルに入社。販売、営業などを務めた後インテリアショップ「collex」をたちあげる

CÏBONE
シボネ

× 横川正紀

「家具を買うとき、“○○風”で揃えるのが好きだった時代があったでしょ。押し付けのインテリアや家電で統一しても、そんな空間って落ち着かない。それよりも、自分で集めた好きなものだけを並べた空間は心地いいんです」。

これは、オーナー横川氏の実体験でもある。世界を旅し、国やルーツが違っても、感性に響いたものに囲まれたいという発想からシボネは生まれた。

「だからショップには人格が大切だと思うんです。個人商店って、店の主人の顔やセンスが見えるもの。感性の合う者同士でシボネという人格のある店をつくってきたので、それが“今日の東京にいてほしい姿”と思っています」

かつて世界の流行やデザインを追うのに必死だった日本も、今や日常にデザインが溢れ、東京は世界から注目される都市となった。そんな自負と責任を負いながら自分たちのオリジンを再発見し続けるのがこれからのシボネ。

「これからも“東京オリジン”を発信していきます。まずはきっかけづくりとなる発表の場として、ショップ内にギャラリースペースを設けました。2006年からは、世界中のいろんなジャンルのクリエイターたちと、オリジナルの家具もつくっています。これは今後も力を入れていきたいですね」

人とモノがポジティブに関わりあう場所として、B2Fにギャラリーを開設。また、シボネのカルチャーを伝える書籍コーナーも併設される。2006年からさまざまなデザイナーを起用したオリジナルアイテム、“シボネコレクション”を展開している

“東京オリジン”発信の場でありたい

Profile
よこかわ・まさき

「CÏBONE」オーナー。住空間を中心にファッション、カルチャー、などあらゆる分野を独自のスタイルで展開。NY発DEAN&DELUCAの日本展開も手掛ける

TIME & STYLE
タイムアンドスタイル

× 吉田龍太郎

現在のTIME & STYLEの前身である「プレステージ ジャパン」を26歳のときにドイツで立ち上げた吉田氏。「20歳のときにとにかく日本を離れたくてドイツに行きました。行き先はどこでもよかったんです。始めは1～2年で帰ってくるはずでしたが予想以上に延びてしまいました」。吉田氏はその会社を立ち上げるまで、現在に繋がるような仕事は特にしていなかったという。しかし、現地の住宅やインテリアショップを巡り、展覧会をみてデザイナーと接しているうちに、自然とヨーロッパのデザインや家具を日本に紹介したいと思い始めた。28歳で東京に戻ってからは、ドイツでライセンスを取得した家具の販売をしながらオリジナルの家具をつくり始めていく。
「当時はインテリアショップが少なかったことに加えて、僕らがつくった家具を思うように伝えられる場がありませんでした。どこに置くか、どの家具と組み合わせるか、それをうまく伝えられる場所がなかったので、だったらそれも自分たちでつくってしまおうと始めたのがショップだったんです」。
自分の思い描く、居心地の良い空間をありのまま伝えたい、そんな吉田さんのまっすぐな考えは、今や当たり前のようにTIME & STYLEのショップでたくさんの人々に受け入れられている。

築40年のビルを改装した青山店。4階層で構成された広々とした店内に、オリジナルの家具を始めとしたインテリアがゆったりとレイアウトされている。一つひとつの商品がわかりやすく展示された、とても見やすく安らぐ空間だ

居心地の良い空間をつくりたい、ただそれだけです

Profile
よしだ・りゅうたろう

1964年生まれ。インテリアショップ「TIME & STYLE」代表取締役。ドイツで「プレステージ ジャパン」を創設。帰国後TIME & STLYEをオープンさせる

長 大作さんに聞く
普遍的なデザインとは

約60年もの間、
建築と家具デザインの
第一線で活躍してきた長大作さん。
代表作「低座椅子」と「小椅子」は、
人々に愛され続けるロングセラーだ。
ふたつの椅子はいかにして
普遍的デザインとなったのか？
その秘密を伺った。

文=森 聖加 text:Seika Mori 写真=落合明人 photo:Akito Ochiai

Profile
ちょう・だいさく

東京美術学校（現・東京芸術大学）建築科卒業後、坂倉準三建築研究所入所。1972年に退所し、翌年、長大作建築設計室を開設。建築設計のほか「はっぱチェア」「イングナチオチェア」など家具デザイン多数

低座椅子 ／ 1960年

畳敷きの部屋でも椅子に座ってくつろげる。畳を傷めないように脚部は床との設置面を大きく取った。背と座は3次元化した立体成形の流れるようなフォルムで座り心地抜群

「よっぽどの才能がない限り、一度で完成されたデザインがつくれるわけはないと思っているんです」

デザインは少しずつ手を加えることによって良くなっていく。そういう気持ちで仕事をしてきました、と長大作さんは言った。

1947年に坂倉準三建築研究所に入所し、建築家としてのキャリアをスタートさせた長さん。85歳になる現在も現役で活躍するデザイナーだ。代表作「低座椅子」は1960年の第12回ミラノ・トリエンナーレに出品されて以降45年以上もの間、形を変えずにつくり続けられているロングライフデザイン。まさに、普遍的デザインの代表といえるものだろう。

そして2006年、新作「パーシモンチェア」が登場した。新作といっても今回のインタビューの場所、国際文化会館のリニューアルに合わせ、同館ティーラウンジのためにリ・デザインをしたもの。原型となる椅子の発表から、こちらは50年を超える時を経ている。

「もちろん最初は、それぞれロングライフにしようと思ってデザインしたわけではないんです。『パーシモンチェア』の場合は、建築に合わせて使うためにあちこち微妙な箇所を直しながら使ってきたら、いつの間にかロングライフになっていました」と少し照れくさそうに言う。

長さんの言葉のとおり、50年の間にさまざまな変更が施され、「パーシモンチェア」は現在に至った。その原型は坂倉事務所時代の1953年に設計した「小椅子」だ。坂倉事務所では、建物の設計に合わせて家具のデザインをすることが必須。「小椅子」もそうした設計のひとつとしてつくられた。

何本もの線を引いて「柿の実」にたどり着く

写真を見ていただければ、おわかりだと思うが、178ページの「低座椅子」と182ページの「パーシモンチェア」は兄弟のように似ている。ぽてっとした愛嬌のある曲線をもつ背と座。これこそが、椅子の名前にも付けられた「パーシモン」＝「柿」の実の形なのである。

「最初はこんなにきれいな形になりませんでした。坂倉さんに原寸図を持っていき相談するのですが、なかなか『うん』といってくれない。それこそ何十本もの線を引きました。けれど、どうも器用なほうじゃないんで、うまくいかないんです。そんなとき、柿の実をパッとふたつに割ったときのカーブがきれいだと気が付いた。その力強い曲線を応用し、ようやく形ができあがったのです」

柿の実の形を用いた「小椅子」は東京銀行の丸子クラブハウスに納品され、その後、製品化される。「現在はどこの家でも椅子を使うのは当たり前ですが、1950年頃は、まだ、一般の家庭で椅子を使うのは少ない時期。そんなときに『小椅子』をつくったら評判がよくて、坂倉事務所だけでなく、ほかの建築家の方も使ってくださったんです」。この時点での「小椅子」は背板と座面の素材が成形合板で、脚に無垢材を使用したものだった。

あるとき、知人宅を訪ねると、「小椅子」に座布団を敷いて使っているのを発見する。「お尻がちょっと冷たいんだろう、と思ってクッションを付けました。はじめはフォームラバー材の布張りです」

クッションを加えた「小椅子」は1955年、開館当初の国際文化会館にビニール・レザー張りが、1957年には外務大臣、藤山愛一郎氏の自邸と先代松本幸四郎邸に本革張りタイプが納められている。

椅子に座り、サイズを測る 日々の積み重ねがより良い形に

第12回ミラノ・トリエンナーレに「小椅子」は「低座椅子」とともに出品された。出品はふたつの椅子にとっての大きな転換点だ。「小椅子」は無垢材を用いていた脚部を一体型の成形合板に。三角の駒を組み入れたラケット構造で脚部の強度を増した。このトリエンナーレ出品版「小椅子」が、新作「パーシ

普遍的なデザインは、日々の積み重ねの結晶です

モンチェア」のモデルである。

一方、先代松本幸四郎邸の和室用の椅子としてつくられていた「低座椅子」は、二次曲面合板の背と座を三次曲面の成形合板に、脚の形もより安定感が増す形に変えている。

長さんが何度もデザインの変更を重ねてきたのは、椅子本来の機能、座り心地を改良するためにほかならない。先に述べた部分以外にも、座の高さや奥行きなど微妙な寸法もその都度見直してきた。「デザインした椅子は必ず家で使います。毎日使っていると具合が悪い部分が自ずとわかってくる。それが一度でいいものができない理由。若い人でそこまで気を配ってチェックしている人は少ないでしょう。そういう椅子はだいたい、すぐに消えてしまいますね」。時代の風潮は意識しない。毎日の小さな気付き、その積み重ねが本当に優れたデザインを生み出す。

「ある家具メーカーを訪問した際に聞いた話ですが、近頃の若い人は1／10とか1／5の小さな図面を持ってきて、椅子をつくってくれという。原寸大の図面を持ってくる人は非常に少ないのだそうです」

長さんが描くのは必ずフルサイズの図面。しかも、手描きだ。

「理由は1／10程度の図面では仕事として成り立たないから。職人は原寸図がないと製品をつくれません。結局、メーカーが図面をつくり直してデザイナーに細部を確認することになる。原寸図を描く仕事を自分でしないのは僕にいわ

パーシモンチェア ／ 2006年

ティーラウンジでの使用を考え、拭けば汚れがすぐに落ちるビニール・レザー張りで復刻された

せれば怠けてるってこと。仕事がわかっていません」

コンピューターを使った作図に対しても、少々懐疑的だ。

「必ずしも悪いとはいわないけれど、本当に自分の意思を反映するにはコンピューターを使う前にきちんと自分の手で描けないと。何故なら、コンピューターは考えてくれない。考えるのは人間なんだから。僕の場合は手が考えてくれます。だから、勘ピューターですね（笑）」

ゆえに、感性を磨くのだ、という。

誰よりも多くの展覧会に出向き、椅子に接する長さん。気に入ったものに出会ったら寸法を測ってみる。

と、長さん、ズボンの右ポケットから、すっとメジャーを取り出した。

「繰り返し優れたモノに触れるうちにその共通点がだんだんわかってきます。いいデザインを作る勘ピューターが働くようになるんですよ」

2006年4月リニューアルオープンした国際文化会館。ティーラウンジにパーシモンチェアとマッシュルームベーステーブルが採用されている。開館当時のロビーや食堂の家具も長さんが手掛けた

デザイナーの皆さんにききました。

なぜデザイナーになったのですか？

product designer

1

name　五十嵐久枝

Hisae Igarashi

新聞の折り込みとして入ってくる住宅広告の間取り図が好きで、よく眺めていたと話す五十嵐さん。「二次元の中に三次元のものが入っているなんてスゴいと思った」。そこから生活を読みとることに楽しさを見いだし、デザイナーへの興味が次第に膨らんだそう

2

name　岩崎一郎

Ichiro Iwasaki

ひとことでいうなら「子どもの頃から絵を描いたりものをつくったりすることが好きで、その思いのまま迷いもなくデザイナーになった感じ」だそう。「プロダクトを選んだのは、五感で実体をリアルにつかめて自分のスケール感に合っていたから」と分析している

3

name　鄭 秀和

Shuwa Tei

子供の頃から絵が好きで大学は建築科へ進学。インテンショナリーズを立ち上げた当初から「調和」を大切にデザインを手掛けてきた鄭氏。建築に合わせてその中のインテリア、プロダクトも一貫してつくることは普通のこと。目指すというよりも自然の流れだった

4

name　喜多俊之

Toshiyuki Kita

「これ、どうして浮くかわかる？」と喜多さんが持ってきたのは磁石で木のボールが浮くおもちゃ。なんと中学生の頃に作ったものだとか。「小さい頃から勉強より工作が好きでしたね。誉められるとやる気になるタイプで（笑）」。以来、高校も大学もひたすら“物作り”の道へ

5

name　グエナエル・ニコラ

Gwenael Nicolas

15 歳の頃、サーフボードをつくっていたが「デザインという言葉は知らなかった」。転機は17歳。映画「スターウォーズ」を観た。「映画に登場するのは全て見たことのない人や物ばかり。新しい形をうみだすデザイナーという仕事に徐々にひかれていった」

6

name　小泉 誠

Makoto Koizumi

手に職を持つため専門学校へ。はじめは音響技術を学ぶが、木工の専門学校に再入学。木を削ることが課題になった授業はすべてが実践に役立つ、その面白さにのめりこんでいった

7

name　柴田文江

Fumie Shibata

小さい頃から絵を描く仕事に憧れていた柴田さん。「工作も好きで絵日記を飛び出す絵本のように作ったら先生に叱られた（笑）。お菓子の包み紙でレインコートを作ろうとしたり紙を鉛筆で巻いて尾長鶏を作ったり、子供の時は今よりずっとクリエイティブでしたね」

8

name　塚本カナエ

Kanae Tsukamoto

家庭の中になって、みんなが使う場所でありながら、唯一、誰に見られることもなく一人になれる空間“トイレ”に興味を持った塚本さん。「当時は、カラフルな便器が発売されたこともあって、トイレ空間のデザインをしてみたいと思ったのがきっかけです」

9

name　富田一彦

Kazuhiko Tomita

自転車を趣味としていた富田さんは、早くから道具や機械、環境など人間に適するよう設計する人間工学に強く興味を持っていた。そして浪人時代に出会った秋岡芳夫さんと大学在学中の講師であった画家の重田良一さんの影響で伝統工芸と現代デザインの虜になる

10

name　南雲勝志

Katsushi Nagumo

モノをつくったり、絵を描くことが好きで、将来は自分で何かをつくり出す仕事がしたいという単純な動機からデザインの道へ。大学卒業後、「永原浄デザイン研究所」を経て独立。家具や景観デザインをはじめ、デザインのジャンルにとらわれない姿勢を貫く

11

name　佐藤オオキ（nendo）

Oki Sato

大学進学の際になんとなく建築学科を選び、なんとなく進んで勉強していくうちにこの分野のおもしろさに気づく。「とはいえやはりミラノサローネを見たことが最終的な決め手ですね。自分も出展したいという強い気持ちが今の自分に繋がっていると思います」

product designer

12

name 松井龍哉

Tatsuya Matsui

小学校のときに憧れたのは大工さん。小学4年生のとき、自宅の改築時に自分の部屋をつくってくれた大工さんが、机や棚を自分のスケッチどおりにつくってくれるのを見てスーパーマンのように感じた。この体験がモノをつくる職業を目指すきっかけになったという

13

name 村澤一晃

Kazuteru Murasawa

高校卒業後の進路で悩んでいるとき、知り合いのインダストリアルデザイナーからインテリアデザインの専門学校（ICS）を薦められる。当時は珍しい家具デザインを学べる選択コースがあり、講師も'60〜'80年代に活躍した錚々たる顔ぶれ。そこでの経験が人生を決定

14

name 山田耕民

Koumin Yamada

自動車会社に務めていた父親、4人兄弟のなかでも大の車好きの長男。三男の山田さんは2人の影響を強く受け、小学校5〜6年で真剣にカーデザイナーを夢見る。育英高専の教師でバウハウスの流れを組むヘンドリック神父と出会い、車からプロダクトへ移行した

15

name 吉岡徳仁

Tokujin Yoshioka

小学生の頃から図工が得意。中学生でファッションデザインに興味をもった。「デザイナーという仕事があると教えてくれたのは親です。子供時代はそれがどういう内容かはよくわからなかったけど、それが記憶に残っていてデザイナーになりたいと思いました」

interior designer

1

name 内田 繁

Shigeru Uchida

最初はグラフィックデザイナーを目指して「桑沢デザイン研究所」へ入学。ところが空間を具象化していく実践的な室内空間の授業を通して、建築・インテリアの面白さと可能性の高さを感じるようになる。そこからインテリアデザイナーになろうと目標を変更した

2

name 近藤康夫

Yasuo Kondo

高校時代は、真剣にプロテニスプレーヤーを目指していたがインター杯出場を断念したときに新しい道を考える。母親の紹介で当時の高校の美術教師に美大進学を勧められ、受験した造形大の室内建築専攻に合格。在学中に空間デザインの面白さに目覚める

3

name 杉本貴志

Takashi Sugimoto

高校時代にデザインに興味をもち始めて芸大に進学。「ピカソ展」を見に行くも、「まったく理解ができなかった」。大学3年のとき、倉俣史朗氏に会い、空間デザインに興味を抱く。卒業後はイタリアへ。距離をもってデザインに触れつつ自らの立ち位置を決めた

Why did you become a designer?
なぜデザイナーになったのですか？

4

name **辻村久信**

Hisanobu Tsujimura

気がついたら、家具も空間も建築も手がけるようになっていた。家具を作っていたとき、置かれる空間も設計したいと思ったのが、インテリアデザインを手がけたきっかけ。その後は空間が収まる建築全体の設計にも興味を持ち始めた

5

name **夏目知道**

Tomomichi Natsume

子供の頃、近所の幼なじみのお兄さんがデザインの学校に通い始めたことがきっかけで、デザイナーという職業を漠然と認識するようになったそう。大学受験の際「ひょっとして自分はデザインを仕事にしたいのでは」と思い芸術大学に進路を決め、デザインの道へ

6

name **橋本夕紀夫**

Yukio Hashimoto

何かを創造できればいいと漠然と考え美大へ。在学時に訪れた千利休の茶室「待庵」に感銘を受け、空間に興味をもつ。さらに杉本貴志さんとの出会いでインテリアの道に。「出会いが進路を変えた。すべて自分で決めなくても、出会うことで自然と道が決まります」

7

name **森田恭通**

Yasumichi Morita

洋服に凝っていた若い頃に、その軍資金を捻出するために様々な飲食店で働いていた。しかし、働きながら思うことが「もっとライティングを落としたらいいのに」などという作り手の視線。それなら、ということで、独学でインテリアデザインを学び、この世界に

art director

1

name　**尾原史和**

Fumikazu Ohara

印刷会社のデザイン部に就職し、学校の課題提出とは違う意識が芽生える。「納期や相手の評価を意識するモノづくりの醍醐味を知り、映画好きだったこともあって、映画のパンフレット、雑誌のデザインなどエディトリアルやグラフィックのデザインへと方向性が定まっていきました」

2

グルーヴィジョンズ

name　**伊藤 弘**

GROOVISIONS

特に明確なビジョンはなかったが、大学はデザイン科へ進学したという伊藤氏。映像を専門に専攻し、コンテンポラリーアートの領域で活動。卒業後、Macと出合い、Macを使って友人のためにフライヤーやポスターなどをつくるうちに、グラフィックデザインの世界へとのめり込んだ

3

name　**佐藤 卓**

Taku Satoh

「父がデザイナーをやっていたことと無関係じゃない」という佐藤さんは、プロ用コンパスや三角定規を遊び道具にして育った。「デザインがおもしろいと感じた直接的なものは、中学・高校時代に夢中になったロックのレコードジャケット。クルマが好きだったことも影響してるかな」

4

name　**佐藤直樹**

Naoki Satoh

大学で教育学を専攻していたが、出版社でアルバイトを始め、見よう見まねでデザインを勉強。その後、日本ではまだなじみの薄かったDTPを用い、雑誌『WIRED』に関わった。「誠実に仕事に向き合い、考え尽くす努力をしているうちに、新しいデザインや表現が生まれてきました」

Why did you become a designer?
なぜデザイナーになったのですか？

5

name　新村則人

Norito Shinmura

小学校4年生のときに島に赴任した先生がデザイン好きで、学校で公募ポスターをつくって応募した。それが楽しくてポスターをつくる仕事をしたいと考えるようになった。初めから図画工作よりデザインワークだったといえる。そのために大阪デザイナー学院でグラフィックの勉強をした

6

name　タイクーングラフィックス

TYCOON GRAPHICS

宮師さん：オートバイのレーサーが夢だったが挫折。その後、デザイン学校に通いながらデザイン事務所でアルバイトを経験。仕事の現場を経験したことでこの仕事が天職と確信。鈴木さん：東京に行きたい理由で美術系の専門学校へ。デザイン事務所でのアルバイト経験からこの道にのめりこんだ

7

TUGBOAT
name　川口清勝

TUGBOAT

祖父が漁師、父親がグラフィックデザイナー、周囲にサラリーマンがいない環境と、学校の成績は体育と美術がよかったことが潜在的なキッカケ。高校生のときのバイク事故で、一時期スポーツを断念し、美術に傾倒。電通に入社してから、デザインで生計を立てようと考えるようになった

8

name　水野 学

Manabu Mizuno

大学進学を考えるときに昔から得意だった美術か体育で迷うが、美術を選択して美大へ進学。在学中に大貫卓也氏の考え方に共感し、憧れの対象となる。それがきっかけで広告を面白いと思うようになり、将来、大貫卓也氏のような仕事を自分もしてみたいとアートディレクターの道へ進む

9

name　寄藤文平

Bunpei Yorifuji

高校2年のとき、両親にすすめられて美術予備校に通い、美大へ進学。入学後、大学の学生自治体のスタッフとなり学園祭のパンフレット制作に参加。そこでデザインやイラストを手掛けたのがきっかけで印刷物をつくることの面白さ、人に手にしてもらう喜びを実感。仕事にしたいと決意

Design of Mobile Phone

一番身近なデザインツール、携帯電話のデザインを手がけたクリエイター

一人に一台はあたりまえ。誰もがひとつは持っている携帯電話のデザインも、
現在活躍中の大物クリエイターが手がけている。
数ある携帯デザインの中から選りすぐった代表的な機種をご紹介

深澤直人

ふかさわなおと

1956年山梨県生まれ。多摩美術大学卒業。1989年に渡米、IDEO（旧ID TWO）を経て1996年IDEO JAPANを設立し代表となる。2003年にNaoto Fukasawa Designを設立

このデザインも手がけています

±0

暮らしの中にかくされたユーモアを見つけ出しデザインして商品にする「±0」の商品の看板商品ともいえる、丸いフォルムが印象的な加湿器。色はブルー、グレー、レッド、白

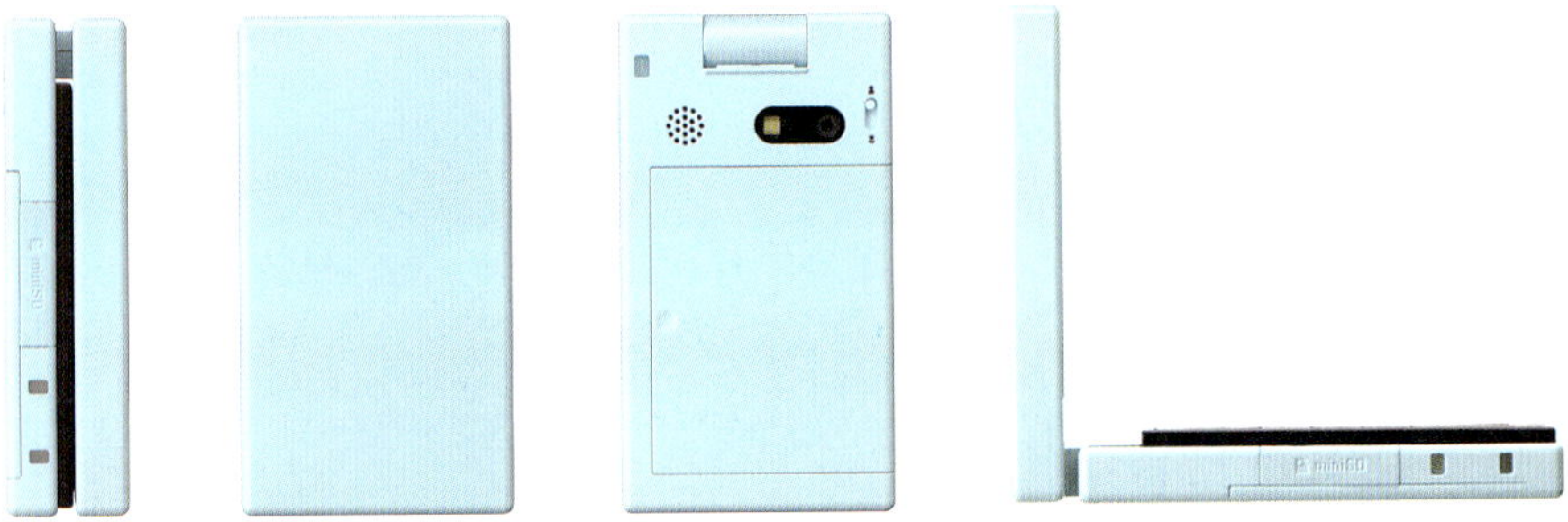

NEON / au by KDDI

つるんとした陶器のような四角いフォルム。優しい色づかいのボディ表面に浮き出るLEDの文字が目を引く。コンセプトから考え始め二年かけて製品化した作品

INFOBAR / au by KDDI

カラフルなバータイプ。マグネシウム合金フレームのボディは厚さ11㎜と超薄型。表面のタイルキーにはLEDが配置されていて暗い場所での操作も思いのまま

佐藤可士和

さとうかしわ

1965年東京生まれ。多摩美術大学グラフィックデザイン科卒。株式会社博報堂を経て2000年独立。同年5月「サムライ」設立。建築や広告など幅広く手掛ける

FOMA SA800i / NTT DoCoMo

子供用のキッズ携帯のデザインも手がけている佐藤氏。子供が喜びそうな色づかいと愛らしいフォルム。こちらも独自のフォントを制作しトータルプロデュースを手がけた

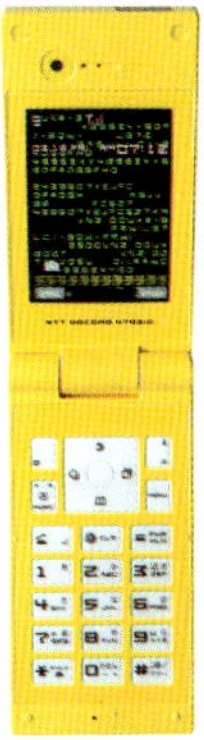

N702iD /NTT DoMoMo

究極のフラット＆スクエアを形にした潔いデザイン。佐藤氏が開発から深く関わりトータルコンセプトを担当。フォントも独自の「サムライ702」を用意した

Marc Newson

マーク・ニューソン

オーストラリア出身の新鋭デザイナー。世界中のさまざまなブランドとコラボレーションして家具や時計。公共の交通機関に至るまでデザインを手掛ける

talby / au by KDDI

フラットデザインのスリムなストレートタイプで、アルミニウム製のシンプルでモダンなボディが特徴

CDL 平野敬子＋工藤青石

ひらのけいこ　くどうあおし

2005年にコミュニケーションデザイン研究所を設立。代表作は東京国立近代美術館のシンボルマークや資生堂、イプサなどのパッケージデザイン

F702iD / NTT DoCoMo

所作(ふるまい、身のこなし)がコンセプト。デザイン、造形、カラーリングは斬新でありながら日本的な美しさを感じさせる。曲線を描く有機的なフォルムが手に馴染む

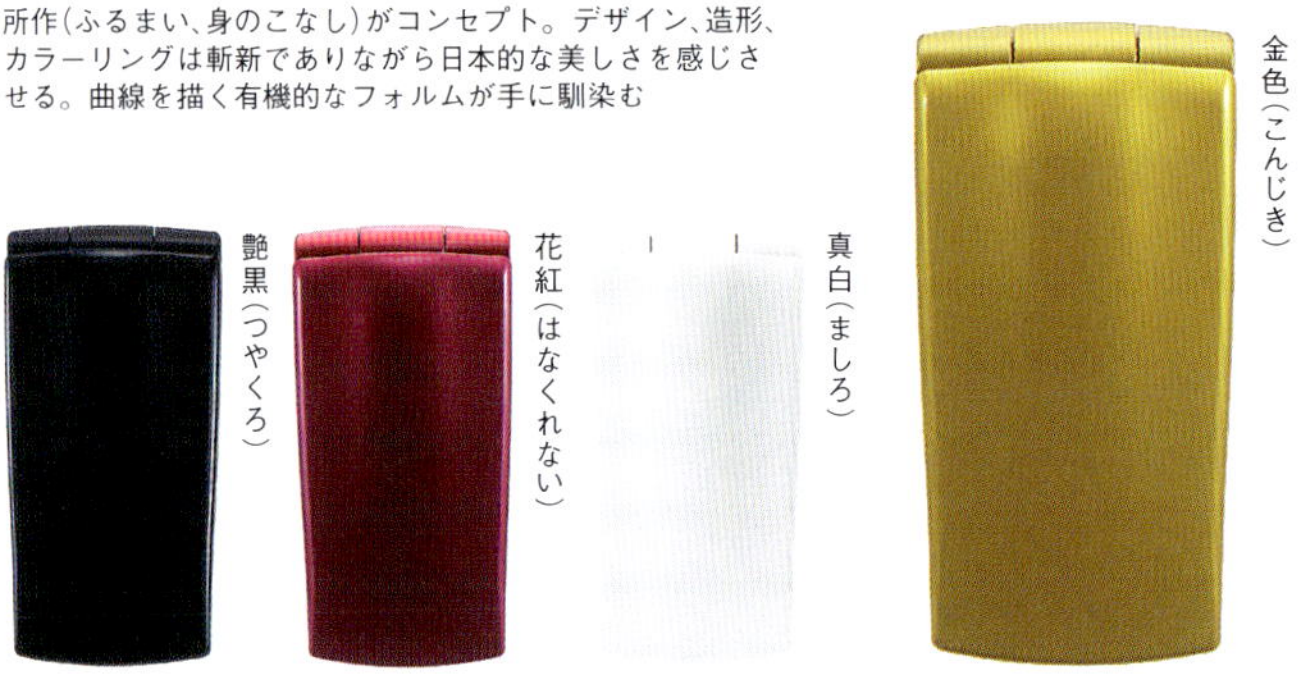

坂井直樹

さかいなおき

コンセプター。日産Be-1やオリンパスO-Productなどのデザインを手掛けたことで有名。au携帯電話のトータルプロデューサーであり、2006年には若手デザイナーと組んでデザインモデルを発表した。

DRAPE／au

“ラグジュアリー感”を表現した携帯電話。アール・デコ様式のデコラティブな装飾に、キー部分には金属の質感を用いることで優雅なスタイルを実現している

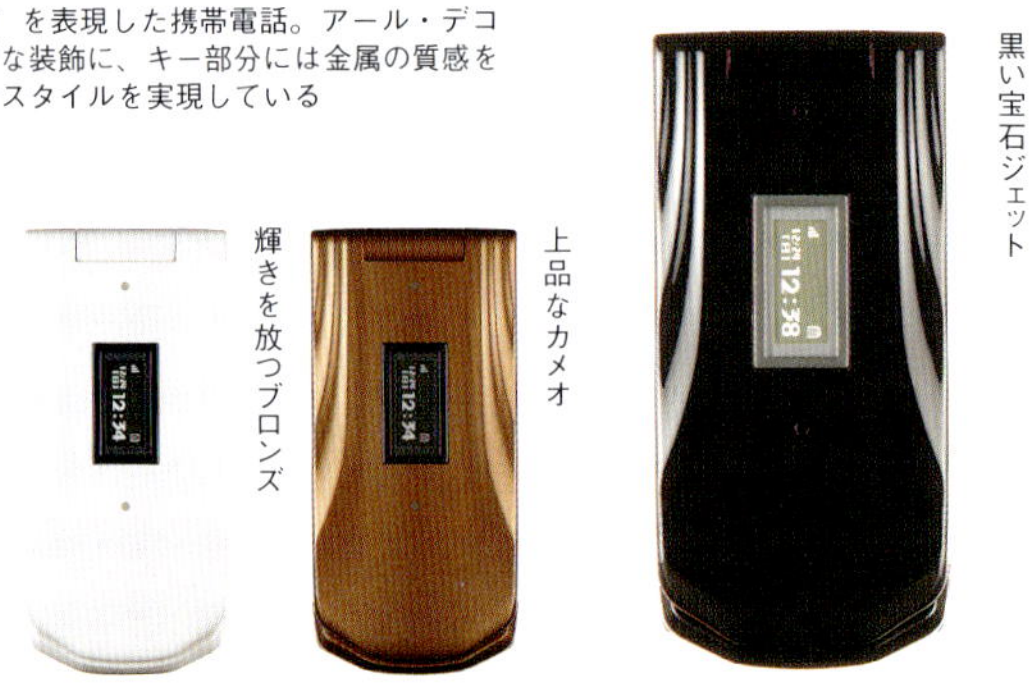

佐藤卓

さとうたく

→P.126参照

FOMA P702iD／NTT DoCoMo

音と光を連動させた、通称「ヒカリドロップス」のインターフェイスが美しい携帯。「電話・メールの着信音＋ヒカリ」「時報の音＋ヒカリ」「スケジュールアラーム＋ヒカリ」など、音に合わせたパターンで光る

柴田文江

しばたふみえ

→P.34参照

Sweets cute
au by KDDI

音と光を連動させた、通称「ヒカリドロップス」のインターフェイスが美しい携帯。「電話・メールの着信音＋ヒカリ」「時報の音＋ヒカリ」「スケジュールアラーム＋ヒカリ」など、音に合わせたパターンで光る

佐藤オオキ

さとうおおき

→P.50参照

FOMA N702iS
NTT DoCoMo

液体の入ったグラスをモチーフに、情報を液体に見立ててデザインした携帯電話。着せ替えパネルもドリンクの名前が冠された豊富なラインナップが用意された

吉岡徳仁

よしおかとくじん

→P.66参照

MEDIA SKIN
au by KDDI

何よりもその質感にこだわった携帯。ファンデーションに使われる微粒子を配合した特殊塗料がその独特の質感を演出。ハイスペックを備え、今では市場に出回らなくなったフリップ式を採用している

Japanese Designers

海外で活躍する日本人デザイナー

日本人の世界での活躍は野球やサッカーだけではない。
ここではヨーロッパにおいて第一線で活躍している主要デザイナーを紹介する。

England

安積伸

あづみ・しん

1965年兵庫県神戸生まれ。1995年から安積朋子と共に「AZUMI」として活動し、欧州デザイン界で話題となる。現在は「a studio」として活動中

イタリアはマジス社から2006年に発売された最新作。生産効率を高めつつ、美しさを追求した

代表作であるLEM。シンプルなデザインで大ヒットを記録している。Collaborated with Tomoko Azumi

England

安積朋子

あづみ・ともこ

1966年広島生まれ。1989年京都市立芸術大学デザイン科卒業後、1992年に渡英。1995年英国王立美術大学（RCA）大学院修了。同年、安積伸氏と「AZUMI」設立。家具やプロダクトのほか、ジュエリーデザインなど幅広い分野で活躍。現在はt.n.a.Design Studioとして活動中

マルニ木工が手掛けるプロジェクト、「ネクストマルニ」にてデザインしたテーブル。2005年に発表された新作

ローテーブルに可変する「Table=Chest」。「AZUMI」の名を一躍有名にしたこの作品、実はRCAの卒業制作である

Italy

氷山をモチーフにしたローシングルソファ。「ICY」/Sawaya&Moroni社

折り紙のようにアルミを折り曲げたパーティション「SHIKI」/De Padova社

伊藤節+ 伊藤志信

いとう・せつ+ いとう・しのぶ

1995年にミラノでSTUDIO I.T.O Design設立。イタリアをはじめ欧州、日本の企業から多くの作品を発表。今年のミラノ・サローネでは20 作以上の新作を発表するなど、トップデザイナーとして活躍中。作品はミュンヘンの近代美術館、ミラノのイタリアデザイン美術館等のパーマネントコレクションになっている。受賞歴も多数

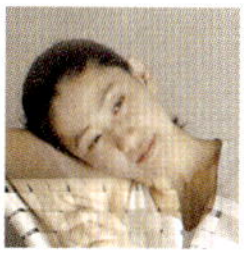

「ASISAI」という名がぴったりの傘立て。ステンレスのバネ鋼をアルミの台に差し込んだシンプルな構造

Italy

菰田和世

こもだ・かずよ

1961年東京生まれ。武蔵野美術短期大学工芸デザイン科卒業。1989年にイタリアに渡りスタジオ・サンタキアラ勤務。現在はミラノを拠点にフリーランスとしてインテリアデザインや家具、パッケージデザインなど幅広く活動中。ドリアデ社から発売されているMimiが有名

ドリアデ社から発売されている「Mimi」。フタのデザインが印象的なシュガーポット

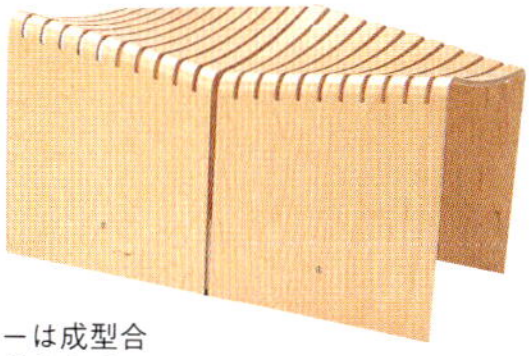

Denmark

代表作ツイスターは成型合板製。連結して使うとそのデザインが一層際立つ

高橋ゆり子

たかはし・ゆりこ

1991年千葉大学工学部工業意匠科卒業後、松下電工東京デザイン部勤務。その後、デンマーク王立芸術アカデミー家具科を経て、現在はコペンハーゲンを拠点にフリーランスとして活動中。代表作ツイスターは数々のデザイン賞を受賞し、現在スウェデッセ社から発売されている

鳥かごをモチーフにデザインした「TORIKAGO」。明かりを灯すとシェードが作り出す陰影が印象的

Italy **富田一彦** とみた・かずひこ →P.42参照

INDEX

気になるデザインのつくり手が誰なのか、わかりましたか?
きっとそこには新たな発見があったはず。本書に掲載されている
デザイナーの問い合わせ先は以下をご参照ください。
本書の索引としても使えるようになっています。

Product Designer

五十嵐久枝
イガラシデザインスタジオ

TEL:03-3576-5854
FAX:03-5394-6950
〒114-0023
北区滝野川7-44-6 R.G.S.-3B
http://www.igarashidesign.jp
掲載：8ページ

岩崎一郎
イワサキデザインスタジオ

FAX:03-5758-7901
〒158-0081
東京都世田谷区深沢6-2-17 深沢パークサイド1F
info@iwasaki-design-studio.net
掲載：12ページ

鄭 秀和
インテンショナリーズ

TEL:03-5786-1084
FAX:03-5786-1453
〒150-0001
東京都渋谷区神宮前3-40-9 神宮前レジデンス
http://www.intentionallies.co.jp
掲載：16ページ

喜多俊之
STUDIO KITA

TEL:06-6233-1948
FAX:06-6233-1971
〒541-0043
大阪府大阪市中央区高麗橋2-6-9
http://www.toshiyukikita.com
掲載：20ページ

グエナエル・ニコラ
curiosity

TEL:03-5452-0095
FAX:03-5454-9691
〒151-0063
東京都渋谷区富ヶ谷2-13-16
http://www.curiosity.jp
掲載：26ページ

小泉誠
こいずみ道具店

〒186-0003
東京都国立市富士見台2-2-5-104
TEL:042-574-1464
FAX:042-575-3646
平日：12時～18時（土曜日はたまに営業）
定休日：土曜・日曜・祝日・年末年始
http://www.koizumi-studio.jp
掲載：30ページ

柴田文江
デザインスタジオエス

106-0032
東京都港区六本木4-2-35 アーバンスタイル六本木 三河台301
TEL:03-3479-7113
FAX:03-3479-7103
info@design-ss.com
http://www.design-ss.com
掲載：34ページ

塚本ガナエ
Kanae Design Labo

TEL:03-3492-5127
FAX:03-3492-5127
〒153-0064
東京都目黒区下目黒2-22-11-903
http://www.kanaedesignlabo.com
掲載：38ページ

富田一彦

www.tomitadesign.com
my@tomitadesign.com
掲載：42ページ

南雲勝志
ナグモデザイン事務所

TEL:03-5333-8590
FAX:03-5333-5891
〒151-0072
東京都渋谷区幡ヶ谷1-10-3、2F
http://www.nagumo-design.com
掲載：46ページ

Product Designer

佐藤オオキ
nendo

TEL:03-3954-5554
FAX:03-3954-5581
〒171-0031
東京都豊島区目白4-1-20-2A
http://www.nendo.jp
掲載：50ページ

松井龍哉
フラワー・ロボティクス

http://www.flower-robotics.com
掲載：54ページ

村澤一晃
MURASAWA DESIGN

TEL:047-478-7863
FAX:047-478-7863
〒275-0017
千葉県習志野市藤崎6-16-9
http://www.murasawadesign.com
掲載：58ページ

山田耕民
STUDIO KOMIN

TEL:042-322-8515
FAX:042-322-8505
〒185-0011
東京都国分寺市本多5-26-25
http://www.komin.ne.jp
掲載：62ページ

吉岡徳仁
吉岡徳仁デザイン事務所

http://www.tokujin.com
tyd@tokujin.com
掲載：66ページ

内田繁
内田デザイン研究所

TEL:03-3479-6568
FAX:03-3479-5036
〒106-0031
東京都港区西麻布3-16-28 3A
掲載：80ページ

近藤康夫
近藤康夫デザイン事務所

TEL:03-3408-0981/0982
FAX:03-3408-0983
〒106-0031
東京都港区西麻布3-24-24
http://www.kon-do.co.jp
掲載：86ページ

杉本貴志
SUPER POTATO

http://www.superpotato.jp
掲載：90ページ

辻村久信
辻村久信デザイン事務所
＋ムーンバランス

TEL:075-221-6403
FAX:075-221-6430
〒604-0941
京都府京都市中京区御幸町通御池上ル亀屋町378
http://www.tsujimura-hisanobu.com
掲載94ページ

Interior Designer

夏目知道
ナツメトモミチ

TEL:03-5792-5746
FAX:03-5792-5753
〒106-0047
東京都港区南麻布5-3-3 串山マンション403
http://www.natsumetomomichi.jp
掲載：98ページ

橋本夕紀夫
橋本夕紀夫デザインスタジオ

TEL:03-5474-1724
FAX:03-5474-4724
〒151-0051
東京都渋谷区千駄ヶ谷4-2-5
http://www.din.or.jp/~hydesign
掲載：102ページ

森田恭通
GLAMOROUS Co., Ltd.

TEL:0797-23-6770
FAX:0797-23-6771
〒659-0066
兵庫県芦屋市大桝町7-6 1F
http://www.glamorous.co.jp
掲載：106ページ

尾原史和
SOUP DESIGN

TEL:03-5774-5613
FAX:03-5774-5614
〒150-0001
東京都渋谷区神宮前6-25-8 神宮前コーポラス1303号室
掲載：118ページ

伊藤弘
GROOVISIONS

TEL:03-5723-6558
FAX:03-5723-6356
〒153-0065
東京都目黒区中町1-11-10
http://groovisions.com
掲載：122ページ

佐藤卓
佐藤卓デザイン事務所

TEL:03-3538-2051
FAX:03-3538-2054
〒104-0061
東京都中央区銀座1-14-11 銀松ビル4F
http://www.tsdo.jp
掲載：126ページ

佐藤直樹
ASYL

TEL:03-5728-8288
FAX:03-5728-8289
〒150-0031
東京都渋谷区桜丘町29-17 さくらマンション501
http://www.asyl.co.jp
掲載：130ページ

新村則人
新村デザイン事務所

TEL:03-3572-5042
FAX:03-3572-5045
〒104-0061
東京都中央区銀座6-7-8 精美堂ビル4F
http://www.shinmura-d.co.jp
掲載：134ページ

Art Director

宮師雄一／鈴木直之
タイクーングラフィックス

TEL:03-5411-5341
FAX:03-5411-5342
〒150-0001
東京都渋谷区神宮前2-31-7 ビラ・グロリア402
http://www.tycoon.jp/
掲載：138ページ

川口清勝
TUGBOAT

TEL:03-5485-7475
FAX:03-5485-7475
〒107-0062
東京都港区南青山5-6-24-4F TUGBOAT
掲載：142ページ

水野学
good design company

TEL:03-5728-1178
FAX:03-5728-1177
150-0021
東京都渋谷区恵比寿西1-31-12 FLEG代官山2F
http://www.gooddesigncompany.com
掲載：146ページ

寄藤文平
文平銀座

TEL:03-5148-0555
FAX:03-5148-0557
〒104-0061
東京都中央区銀座4-14-11 七十七ビル5階
http://www.bunpei.com
掲載：150ページ

Interior Shop

木村ユタカ
COMPLEX（コンプレックス）

TEL:03-3780-0677
FAX:03-3780-0733
東京都渋谷区南平台町17-13 ヴァンヴェール南平台1F
http://www.complex-jp.net
掲載：162ページ

高坂孝明
MEISTER（マイスター）

TEL:03-3716-2767
FAX:03-3716-2768
〒153-0063
東京都目黒区目黒4-11-4
http://www.meister-mag.co.jp
掲載：164ページ

佐伯仁
TORICO DESIGN LOVE!
（トリコデザアイン研究所）

TEL:03-3532-1901
FAX:03-3532-1902
〒135-0062
東京都江東区東雲1-9-17-103 CODANキャナルコート3街区
http://www.bytrico.com
掲載：166ページ

田中雅貴
pour annic（プールアニック）

TEL:03-5411-5366
FAX:03-5411-5388
150-0001
東京都渋谷区神宮前2-22-12
http://www.pourannick.com
掲載：168ページ

中原慎一郎
Play Mountain（プレイマウンテン）

TEL:03-5775-6747
FAX:03-5775-6867
〒151-0051
東京都渋谷区千駄ヶ谷3-52-5 原宿ニュースカイハイツアネックス105
http://www.landscape-products.net
掲載：170ページ

東真一
collex LIVING（コレックスリビング）

TEL:03-5784-5612
FAX:03-3462-6415
〒153-0042
東京都目黒区青葉台1-1-4
http://www.collex.jp
掲載：172ページ

横川正紀
CÏBONE（シボネ）

TEL:03-3475-8017
FAX:03-5770-5104
〒107-0061
東京都港区北青山2-14-6　青山ベルコモンズB1
http://www.cibone.com
掲載：174ページ

吉田龍太郎
TIME & STYLE EXISTENCE
（タイム アンド スタイル　エグジステンス）

TEL:03-5464-3205
FAX:03-5464-3207
〒107-0062
東京都港区南青山4-27-15
http://www.timeandstyle.com
掲載：176ページ

Design Producer

西山浩平
エレファントデザイン

TEL:03-5793-9031
FAX:03-5793-9032
〒141-0022
東京都品川区東五反田5-25-19東京デザインセンター 5F
http://www.elephant-design.com
掲載：74ページ

立川裕大
t.c.k.w

TEL:03-3440-4697
FAX:03-3440-4698
〒106-0047
東京都港区南麻布4-13-9 鈴木ビルB1F
info@tckw.jp
掲載：112ページ

ナガオカケンメイ
ドローイングアンドマニュアル

TEL:03-5758-3851
FAX:03-5758-3755
〒158-0083
東京都世田谷区奥沢8-3-2
http://www.drawingandmanual.com/
掲載：156ページ

デザインガイドブック

デザイナーの仕事

Works of Contemporary Designers in Japan

Real design 編集部◎編

発行人　漆島嗣治
発行・発売　株式会社枻出版社
〒158-0097
東京都世田谷区用賀4-5-16
編集部（03）3708-1869
販売部（03）3708-5181

印刷・製本　三共グラフィック株式会社
編集　Real Design 編集部
デザイン　ピークス株式会社

http://www.ei-publishing.co.jp

ISBN978-4-7779-0769-4
Printed in Japan

本書は弊社刊行『DESIGN LIVING』No.1～3に掲載された記事を再編集、構成し直したものです。
これらの書物の刊行にご協力をいただいた方々にあらためてお礼申し上げます。

for tasty life
枻出版社